最新法律文件解读丛书

民事法律文件解读

总第 179 辑(2019. 11)

最新法律文件解读丛书编选组　编

人民法院出版社

图书在版编目(CIP)数据

民事法律文件解读．总第179辑/最新法律文件解读丛书编选组编．--北京：人民法院出版社，2019.11
(最新法律文件解读丛书)
ISBN 978-7-5109-2681-5

Ⅰ.①民…　Ⅱ.①最…　Ⅲ.①民法-法律解释-中国②民事诉讼法-法律解释-中国　Ⅳ.①D923.05②D925.105

中国版本图书馆CIP数据核字(2019)第252700号

民事法律文件解读·总第179辑
最新法律文件解读丛书编选组　编

责任编辑　丁丽娜
出版发行　人民法院出版社
地　　址　北京市东城区东交民巷27号　邮编　100745
电　　话　(010)67550608(责任编辑)　67550558(发行部查询)
　　　　　65223677(读者服务部)
客服QQ　2092078039
网　　址　http://www.courtbook.com.cn
E-mail　courtbook@sina.com
印　　刷　三河市国英印务有限公司
经　　销　新华书店
开　　本　787毫米×1092毫米　1/16
字　　数　140千字
印　　张　8
版　　次　2019年11月第1版　2019年11月第1次印刷
书　　号　ISBN 978-7-5109-2681-5
定　　价　22.00元

卷首语

2015年4月，第十二届全国人大常委会第十四次会议通过了新修订的《中华人民共和国食品安全法》（以下称《食品安全法》）。修订后《食品安全法》实施以来，我国食品安全整体水平稳步提升，食品安全总体形势不断好转，但仍存在部门间协调配合不够顺畅，部分食品安全标准之间衔接不够紧密，食品贮存、运输环节不够规范，食品虚假宣传时有发生等问题，需要进一步解决；同时，监管实践中形成的一些有效做法也需要总结、上升为法律规范。根据修订后《食品安全法》的规定，针对当前存在的实际问题，国务院对2009年7月制定的《中华人民共和国食品安全法实施条例》（以下简称《条例》）进行了修订。修订后的《条例》自2019年12月1日起施行。本辑收录了司法部、市场监管总局负责人就《条例》答记者问文章。

为深入推进雄安新区规划建设，切实增强人民法院服务保障京津冀协同发展、长江经济带发展、粤港澳大湾区建设、长三角区域一体化建设等国家重大发展战略的能力和水平，根据最高人民法院党组部署和周强院长指示，最高人民法院研究室在深入调研并广泛征求意见的基础上，起草了《最高人民法院为河北雄安新区规划建设提供司法服务和保障的意见》（以下简称《意见》）。本辑收录了最高人民法院研究室负责人就《意见》答记者问文章，就《意见》起草的背景和意义、起草过程、指导思想和基本原则、主要内容等进行了详细介绍。

《最新法律文件解读》丛书

编 辑 部

范春雪 （010）67550525

姜 峤 （010）67550573

丁丽娜 （010）67550608

张 奎 （010）67550673

路建华 （010）67550660

执行编辑 丁丽娜

邮 箱 dlnlaw@163.com

目 录

【行政法规、法规性文件与解读】

国务院

关于修改《中华人民共和国外资保险公司管理条例》和《中华人民共和国外资银行管理条例》的决定（2019 年 9 月 30 日） …… 1

中华人民共和国外资保险公司管理条例（2019 年 9 月 30 日第三次修订） …… 3

中华人民共和国外资银行管理条例（2019 年 9 月 30 日第三次修订） …… 10

做好法治保障，确保银行业、保险业对外开放措施落地落实
——司法部、中国银保监会负责人就《国务院关于修改〈中华人民共和国外资保险公司管理条例〉和〈中华人民共和国外资银行管理条例〉的决定》有关问题答记者问 …… 22

中华人民共和国食品安全法实施条例（2019 年 3 月 26 日修订） …… 25

司法部、市场监管总局负责人就《中华人民共和国食品安全法实施条例》答记者问 …… 38

优化营商环境条例（2019 年 10 月 22 日） …… 42

司法部、发展改革委负责人就《优化营商环境条例》有关问题答记者问 …… 55

【司法解释、司法指导性文件与解读】

最高人民法院

关于为河北雄安新区规划建设提供司法服务和保障的意见（2019 年 9 月 26 日） …… 60

最高人民法院研究室负责人就《最高人民法院为河北雄安新区规划建设提供司法服务和保障的意见》答记者问 …… 66
2018 年全国海事审判典型案例（2019 年 9 月 11 日） …… 69

【部门规章、规章性文件与解读】
国家市场监督管理总局
规范商标申请注册行为若干规定（2019 年 10 月 11 日） …… 86
国家市场监督管理总局有关负责人就《规范商标申请注册行为若干规定》答记者问 …… 89

【司法实务问题研究】
离婚赔偿中侵权第三人之可诉性研究
——兼论婚姻法第四十六条的缺陷与修改 …… 王维永 94

【新类型疑难案例选评】
林丽某诉瑞安市某健身有限公司服务合同纠纷案
[评析]私人教练更换后消费者行使合同解除权的认定 …… 余　谍　徐　杰 102
郑木某诉黄光某债权人撤销权纠纷案
[评析]债权人撤销权纠纷中以房抵债协议效力的法律认定 …… 曾　聆　林加仁 107

【《民法总则》条文理解与适用】
第三十六条【条文主旨】 …… 112
本条是关于撤销监护人资格的规定。
第三十七条【条文主旨】 …… 117
本条是关于被撤销监护人资格的人依法继续承担费用的规定。
第三十八条【条文主旨】 …… 118
本条是关于恢复监护人资格的规定。

[行政法规、法规性文件与解读]

国务院

关于修改《中华人民共和国外资保险公司管理条例》和《中华人民共和国外资银行管理条例》的决定

（2019年9月30日国务院令第720号公布　自公布之日起施行）

为进一步扩大金融业对外开放，国务院决定对《中华人民共和国外资保险公司管理条例》和《中华人民共和国外资银行管理条例》部分条款予以修改。

一、将《中华人民共和国外资保险公司管理条例》第四条中的“中国保险监督管理委员会（以下简称中国保监会）”、“中国保监会”修改为“国务院保险监督管理机构”，第五条至第十五条、第十八条至第二十三条、第二十五条至第二十九条、第三十一条至第三十七条中的“中国保监会”修改为“国务院保险监督管理机构”。

删去第八条第一项和第二项。

第十二条第二款中的“工商行政管理机关”修改为“市场监督管理部门”。

第三十九条修改为：“香港特别行政区、澳门特别行政区和台湾地区的保险公司在内地（大陆）设立和营业的保险公司，比照适用本条例。”

增加一条，作为第四十条：“外国保险集团公司可以在中国境内设立外资保险公司，具体管理办法由国务院保险监督管理机构依照本条例的原则制定。”

增加一条，作为第四十一条：“境外金融机构可以入股外资保险公司，具体管理办法由国务院保险监督管理机构制定。”

二、删去《中华人民共和国外资银行管理条例》第十条第二项。

将第十一条修改为：“拟设中外合资银行的股东除应当具备本条例第九条规定的条件外，其中外方股东应当为金融机构，且外方唯一或者主要股东还应当具备下列条件：

“（一）为商业银行；

“（二）资本充足率符合所在国家或者地区金融监管当局以及国务院银行业监督管理机构的规定。”

第十二条修改为：“拟设分行的外国银行除应当具备本条例第九条规定的条件外，其资本充足率还应当符合所在国家或者地区金融监管当局以及国务院银行业监督管理机构的规定。”

第十九条、第二十二条、第二十七条中的“工商行政管理机关”修改为“市场监督管理部门”。

第二十二条中的“工商登记证”修改为“外国企业常驻代表机构登记证”。

第二十五条修改为：“外国银行可以在中华人民共和国境内同时设立外商独资银行和外国银行分行，或者同时设立中外合资银行和外国银行分行。”

第二十九条第一款、第三十一条第一款各增加一项，作为第四项：“（四）代理发行、代理兑付、承销政府债券”。第二十九条第一款第八项、第三十一条第一款第八项分别改为第九项，修改为：“（九）代理收付款项及代理保险业务”。

第三十一条第二款修改为：“外国银行分行可以吸收中国境内公民每笔不少于50万元人民币的定期存款。”

第三十四条修改为：“外资银行营业性机构经营本条例第二十九条或者第三十一条规定业务范围内的人民币业务的，应当符合国务院银行业监督管理机构规定的审慎性要求。”

第四十四条修改为：“外国银行分行应当按照国务院银行业监督管理机构的规定，持有一定比例的生息资产。”

第四十五条增加一款，作为第二款：“资本充足率持续符合所在国家或者地区金融监管当局以及国务院银行业监督管理机构规定的外国银行，其分行不受前款规定的限制。”原第二款改为第三款，其中的“前款”修改为“本条第一款”。

第五十五条修改为：“外国银行在中华人民共和国境内设立的外商独资银行、中外合资银行的董事长、高级管理人员和外国银行分行的高级管理人员不得相互兼职。”

第五十六条修改为：“外国银行在中华人民共和国境内设立的外商独资银行、中外合资银行与外国银行分行之间进行的交易必须符合商业原则，交易条件不得优于与非关联方进行交易的条件。外国银行对其在中华人民共和国境内设立的外商独资银行与外国银行分行之间的资金交易，应当提供全额担保。”

第七十二条修改为：“香港特别行政区、澳门特别行政区和台湾地区的金融机构在内地（大陆）设立的银行机构，比照适用本条例。国务院另有规定的，依照其规定。”

此外，对相关行政法规中的条文序号作相应调整。

本决定自公布之日起施行。

中华人民共和国外资保险公司管理条例

（2001年12月12日国务院令第336号公布　根据2013年5月30日《国务院关于修改〈中华人民共和国外资保险公司管理条例〉的决定》第一次修订　根据2016年2月6日《国务院关于修改部分行政法规的决定》第二次修订　根据2019年9月30日《国务院关于修改〈中华人民共和国外资保险公司管理条例〉和〈中华人民共和国外资银行管理条例〉的决定》第三次修订）

第一章　总　　则

第一条　为了适应对外开放和经济发展的需要，加强和完善对外资保险公司的监督管理，促进保险业的健康发展，制定本条例。

第二条 本条例所称外资保险公司，是指依照中华人民共和国有关法律、行政法规的规定，经批准在中国境内设立和营业的下列保险公司：

（一）外国保险公司同中国的公司、企业在中国境内合资经营的保险公司（以下简称合资保险公司）；

（二）外国保险公司在中国境内投资经营的外国资本保险公司（以下简称独资保险公司）；

（三）外国保险公司在中国境内的分公司（以下简称外国保险公司分公司）。

第三条 外资保险公司必须遵守中国法律、法规，不得损害中国的社会公共利益。

外资保险公司的正当业务活动和合法权益受中国法律保护。

第四条 国务院保险监督管理机构负责对外资保险公司实施监督管理。国务院保险监督管理机构的派出机构根据国务院保险监督管理机构的授权，对本辖区的外资保险公司进行日常监督管理。

第二章 设立与登记

第五条 设立外资保险公司，应当经国务院保险监督管理机构批准。

设立外资保险公司的地区，由国务院保险监督管理机构按照有关规定确定。

第六条 设立经营人身保险业务的外资保险公司和经营财产保险业务的外资保险公司，其设立形式、外资比例由国务院保险监督管理机构按照有关规定确定。

第七条 合资保险公司、独资保险公司的注册资本最低限额为2亿元人民币或者等值的自由兑换货币；其注册资本最低限额必须为实缴货币资本。

外国保险公司分公司应当由其总公司无偿拨给不少于2亿元人民币或者等值的自由兑换货币的营运资金。

国务院保险监督管理机构根据外资保险公司业务范围、经营规模，可以提高前两款规定的外资保险公司注册资本或者营运资金的最低限额。

第八条 申请设立外资保险公司的外国保险公司，应当具备下列条件：

（一）提出设立申请前1年年末总资产不少于50亿美元；

（二）所在国家或者地区有完善的保险监管制度，并且该外国保险公司已经受到所在国家或者地区有关主管当局的有效监管；

（三）符合所在国家或者地区偿付能力标准；

（四）所在国家或者地区有关主管当局同意其申请；

（五）国务院保险监督管理机构规定的其他审慎性条件。

第九条 设立外资保险公司，申请人应当向国务院保险监督管理机构提出书面申请，并提交下列资料：

（一）申请人法定代表人签署的申请书，其中设立合资保险公司的，申请书由合资各方法定代表人共同签署；

（二）外国申请人所在国家或者地区有关主管当局核发的营业执照（副本）、对其符合偿付能力标准的证明及对其申请的意见书；

（三）外国申请人的公司章程、最近3年的年报；

（四）设立合资保险公司的，中国申请人的有关资料；

（五）拟设公司的可行性研究报告及筹建方案；

（六）拟设公司的筹建负责人员名单、简历和任职资格证明；

（七）国务院保险监督管理机构规定提供的其他资料。

第十条 国务院保险监督管理机构应当对设立外资保险公司的申请进行初步审查，自收到完整的申请文件之日起6个月内作出受理或者不受理的决定。决定受理的，发给正式申请表；决定不受理的，应当书面通知申请人并说明理由。

第十一条 申请人应当自接到正式申请表之日起1年内完成筹建工作；在规定的期限内未完成筹建工作，有正当理由的，经国务院保险监督管理机构批准，可以延长3个月。在延长期内仍未完成筹建工作的，国务院保险监督管理机构作出的受理决定自动失效。筹建工作完成后，申请人应当将填写好的申请表连同下列文件报国务院保险监督管理机构审批：

（一）筹建报告；

（二）拟设公司的章程；

（三）拟设公司的出资人及其出资额；

（四）法定验资机构出具的验资证明；

（五）对拟任该公司主要负责人的授权书；

（六）拟设公司的高级管理人员名单、简历和任职资格证明；

（七）拟设公司未来3年的经营规划和分保方案；

（八）拟在中国境内开办保险险种的保险条款、保险费率及责任准备金的计算说明书；

（九）拟设公司的营业场所和与业务有关的其他设施的资料；

（十）设立外国保险公司分公司的，其总公司对该分公司承担税务、债务的责任担保书；

（十一）设立合资保险公司的，其合资经营合同；

（十二）国务院保险监督管理机构规定提供的其他文件。

第十二条 国务院保险监督管理机构应当自收到设立外资保险公司完整的正式申请文件之日起60日内，作出批准或者不批准的决定。决定批准的，颁发经营保险业务许可证；决定不批准的，应当书面通知申请人并说明理由。

经批准设立外资保险公司的，申请人凭经营保险业务许可证向市场监督管理部门办理登记，领取营业执照。

第十三条 外资保险公司成立后，应当按照其注册资本或者营运资金总额的20%提取保证金，存入国务院保险监督管理机构指定的银行；保证金除外资保险公司清算时用于清偿债务外，不得动用。

第十四条 外资保险公司在中国境内设立分支机构，由国务院保险监督管理机构按照有关规定审核批准。

第三章　业务范围

第十五条 外资保险公司按照国务院保险监督管理机构核定的业务范围，可以全部或者部分依法经营下列种类的保险业务：

（一）财产保险业务，包括财产损失保险、责任保险、信用保险等保险业务；

（二）人身保险业务，包括人寿保险、健康保险、意外伤害保险等保险业务。

外资保险公司经国务院保险监督管理机构按照有关规定核定，可以在核定的范围内经营大型商业风险保险业务、统括保单保险业务。

第十六条 同一外资保险公司不得同时兼营财产保险业务和人身保险业务。

第十七条 外资保险公司可以依法经营本条例第十五条规定的保险业务的

下列再保险业务：

（一）分出保险；

（二）分入保险。

第十八条 外资保险公司的具体业务范围、业务地域范围和服务对象范围，由国务院保险监督管理机构按照有关规定核定。外资保险公司只能在核定的范围内从事保险业务活动。

第四章 监督管理

第十九条 国务院保险监督管理机构有权检查外资保险公司的业务状况、财务状况及资金运用状况，有权要求外资保险公司在规定的期限内提供有关文件、资料和书面报告，有权对违法违规行为依法进行处罚、处理。

外资保险公司应当接受国务院保险监督管理机构依法进行的监督检查，如实提供有关文件、资料和书面报告，不得拒绝、阻碍、隐瞒。

第二十条 除经国务院保险监督管理机构批准外，外资保险公司不得与其关联企业进行资产买卖或者其他交易。

前款所称关联企业，是指与外资保险公司有下列关系之一的企业：

（一）在股份、出资方面存在控制关系；

（二）在股份、出资方面同为第三人所控制；

（三）在利益上具有其他相关联的关系。

第二十一条 外国保险公司分公司应当于每一会计年度终了后3个月内，将该分公司及其总公司上一年度的财务会计报告报送国务院保险监督管理机构，并予公布。

第二十二条 外国保险公司分公司的总公司有下列情形之一的，该分公司应当自各该情形发生之日起10日内，将有关情况向国务院保险监督管理机构提交书面报告：

（一）变更名称、主要负责人或者注册地；

（二）变更资本金；

（三）变更持有资本总额或者股份总额10%以上的股东；

（四）调整业务范围；

（五）受到所在国家或者地区有关主管当局处罚；

（六）发生重大亏损；

（七）分立、合并、解散、依法被撤销或者被宣告破产；

（八）国务院保险监督管理机构规定的其他情形。

第二十三条 外国保险公司分公司的总公司解散、依法被撤销或者被宣告破产的，国务院保险监督管理机构应当停止该分公司开展新业务。

第二十四条 外资保险公司经营外汇保险业务的，应当遵守国家有关外汇管理的规定。

除经国家外汇管理机关批准外，外资保险公司在中国境内经营保险业务的，应当以人民币计价结算。

第二十五条 本条例规定向国务院保险监督管理机构提交、报送文件、资料和书面报告的，应当提供中文本。

第五章 终止与清算

第二十六条 外资保险公司因分立、合并或者公司章程规定的解散事由出现，经国务院保险监督管理机构批准后解散。外资保险公司解散的，应当依法成立清算组，进行清算。

经营人寿保险业务的外资保险公司，除分立、合并外，不得解散。

第二十七条 外资保险公司违反法律、行政法规，被国务院保险监督管理机构吊销经营保险业务许可证的，依法撤销，由国务院保险监督管理机构依法及时组织成立清算组进行清算。

第二十八条 外资保险公司因解散、依法被撤销而清算的，应当自清算组成立之日起60日内在报纸上至少公告3次。公告内容应当经国务院保险监督管理机构核准。

第二十九条 外资保险公司不能支付到期债务，经国务院保险监督管理机构同意，由人民法院依法宣告破产。外资保险公司被宣告破产的，由人民法院组织国务院保险监督管理机构等有关部门和有关人员成立清算组，进行清算。

第三十条 外资保险公司解散、依法被撤销或者被宣告破产的，未清偿债务前，不得将其财产转移至中国境外。

第六章 法律责任

第三十一条 违反本条例规定，擅自设立外资保险公司或者非法从事保险业务活动的，由国务院保险监督管理机构予以取缔；依照刑法关于擅自设立金融机构罪、非法经营罪或者其他罪的规定，依法追究刑事责任；尚不够刑事处罚的，由国务院保险监督管理机构没收违法所得，并处违法所得1倍以上5倍以下的罚款，没有违法所得或者违法所得不足20万元的，处20万元以上100万元以下的罚款。

第三十二条 外资保险公司违反本条例规定，超出核定的业务范围、业务地域范围或者服务对象范围从事保险业务活动的，依照刑法关于非法经营罪或者其他罪的规定，依法追究刑事责任；尚不够刑事处罚的，由国务院保险监督管理机构责令改正，责令退还收取的保险费，没收违法所得，并处违法所得1倍以上5倍以下的罚款，没有违法所得或者违法所得不足10万元的，处10万元以上50万元以下的罚款；逾期不改正或者造成严重后果的，责令限期停业或者吊销经营保险业务许可证。

第三十三条 外资保险公司违反本条例规定，有下列行为之一的，由国务院保险监督管理机构责令改正，处5万元以上30万元以下的罚款；情节严重的，可以责令停止接受新业务或者吊销经营保险业务许可证：

（一）未按照规定提存保证金或者违反规定动用保证金的；

（二）违反规定与其关联企业从事交易活动的；

（三）未按照规定补足注册资本或者营运资金的。

第三十四条 外资保险公司违反本条例规定，有下列行为之一的，由国务院保险监督管理机构责令限期改正；逾期不改正的，处1万元以上10万元以下的罚款：

（一）未按照规定提交、报送有关文件、资料和书面报告的；

（二）未按照规定公告的。

第三十五条 外资保险公司违反本条例规定，有下列行为之一的，由国务院保险监督管理机构处10万元以上50万元以下的罚款：

（一）提供虚假的文件、资料和书面报告的；

（二）拒绝或者阻碍依法监督检查的。

第三十六条 外资保险公司违反本条例规定，将其财产转移至中国境外的，由国务院保险监督管理机构责令转回转移的财产，处转移财产金额20%以上等值以下的罚款。

第三十七条 外资保险公司违反中国有关法律、行政法规和本条例规定的，国务院保险监督管理机构可以取消该外资保险公司高级管理人员一定期限直至终身在中国的任职资格。

第七章 附 则

第三十八条 对外资保险公司的管理，本条例未作规定的，适用《中华人民共和国保险法》和其他有关法律、行政法规和国家其他有关规定。

第三十九条 香港特别行政区、澳门特别行政区和台湾地区的保险公司在内地（大陆）设立和营业的保险公司，比照适用本条例。

第四十条 外国保险集团公司可以在中国境内设立外资保险公司，具体管理办法由国务院保险监督管理机构依照本条例的原则制定。

第四十一条 境外金融机构可以入股外资保险公司，具体管理办法由国务院保险监督管理机构制定。

第四十二条 本条例自2002年2月1日起施行。

中华人民共和国外资银行管理条例

（2006年11月11日国务院令第478号公布　根据2014年7月29日《国务院关于修改部分行政法规的决定》第一次修订　根据2014年11月27日《国务院关于修改〈中华人民共和国外资银行管理条例〉的决定》第二次修订　根据2019年9月30日《国务院关于修改〈中华人民共和国外资保险公司管理条例〉和〈中华人民共和国外资银行管理条例〉的决定》第三次修订）

第一章 总 则

第一条 为了适应对外开放和经济发展的需要，加强和完善对外资银行的监督管理，促进银行业的稳健运行，制定本条例。

第二条 本条例所称外资银行，是指依照中华人民共和国有关法律、法规，经批准在中华人民共和国境内设立的下列机构：

（一）1 家外国银行单独出资或者 1 家外国银行与其他外国金融机构共同出资设立的外商独资银行；

（二）外国金融机构与中国的公司、企业共同出资设立的中外合资银行；

（三）外国银行分行；

（四）外国银行代表处。

前款第一项至第三项所列机构，以下统称外资银行营业性机构。

第三条 本条例所称外国金融机构，是指在中华人民共和国境外注册并经所在国家或者地区金融监管当局批准或者许可的金融机构。

本条例所称外国银行，是指在中华人民共和国境外注册并经所在国家或者地区金融监管当局批准或者许可的商业银行。

第四条 外资银行必须遵守中华人民共和国法律、法规，不得损害中华人民共和国的国家利益、社会公共利益。

外资银行的正当活动和合法权益受中华人民共和国法律保护。

第五条 国务院银行业监督管理机构及其派出机构（以下统称银行业监督管理机构）负责对外资银行及其活动实施监督管理。法律、行政法规规定其他监督管理部门或者机构对外资银行及其活动实施监督管理的，依照其规定。

第六条 国务院银行业监督管理机构根据国家区域经济发展战略及相关政策制定有关鼓励和引导的措施，报国务院批准后实施。

第二章 设立与登记

第七条 设立外资银行及其分支机构，应当经银行业监督管理机构审查批准。

第八条 外商独资银行、中外合资银行的注册资本最低限额为 10 亿元人民币或者等值的自由兑换货币。注册资本应当是实缴资本。

外商独资银行、中外合资银行在中华人民共和国境内设立的分行，应当由其总行无偿拨给人民币或者自由兑换货币的营运资金。外商独资银行、中外合资银行拨给各分支机构营运资金的总和，不得超过总行资本金总额的 60%。

外国银行分行应当由其总行无偿拨给不少于 2 亿元人民币或者等值的自由兑换货币的营运资金。

国务院银行业监督管理机构根据外资银行营业性机构的业务范围和审慎监管的需要，可以提高注册资本或者营运资金的最低限额，并规定其中的人民币份额。

第九条 拟设外商独资银行、中外合资银行的股东或者拟设分行、代表处的外国银行应当具备下列条件：

（一）具有持续盈利能力，信誉良好，无重大违法违规记录；

（二）拟设外商独资银行的股东、中外合资银行的外方股东或者拟设分行、代表处的外国银行具有从事国际金融活动的经验；

（三）具有有效的反洗钱制度；

（四）拟设外商独资银行的股东、中外合资银行的外方股东或者拟设分行、代表处的外国银行受到所在国家或者地区金融监管当局的有效监管，并且其申请经所在国家或者地区金融监管当局同意；

（五）国务院银行业监督管理机构规定的其他审慎性条件。

拟设外商独资银行的股东、中外合资银行的外方股东或者拟设分行、代表处的外国银行所在国家或者地区应当具有完善的金融监督管理制度，并且其金融监管当局已经与国务院银行业监督管理机构建立良好的监督管理合作机制。

第十条 拟设外商独资银行的股东应当为金融机构，除应当具备本条例第九条规定的条件外，其中唯一或者控股股东还应当具备下列条件：

（一）为商业银行；

（二）资本充足率符合所在国家或者地区金融监管当局以及国务院银行业监督管理机构的规定。

第十一条 拟设中外合资银行的股东除应当具备本条例第九条规定的条件外，其中外方股东应当为金融机构，且外方唯一或者主要股东还应当具备下列条件：

（一）为商业银行；

（二）资本充足率符合所在国家或者地区金融监管当局以及国务院银行业监督管理机构的规定。

第十二条 拟设分行的外国银行除应当具备本条例第九条规定的条件外，其资本充足率还应当符合所在国家或者地区金融监管当局以及国务院银行业监督管理机构的规定。

第十三条 外国银行在中华人民共和国境内设立营业性机构的，除已设立的代表处外，不得增设代表处，但符合国家区域经济发展战略及相关政策的地区除外。

代表处经批准改制为营业性机构的，应当依法办理原代表处的注销登记手续。

第十四条 设立外资银行营业性机构，应当先申请筹建，并将下列申请资料报送拟设机构所在地的银行业监督管理机构：

（一）申请书，内容包括拟设机构的名称、所在地、注册资本或者营运资金、申请经营的业务种类等；

（二）可行性研究报告；

（三）拟设外商独资银行、中外合资银行的章程草案；

（四）拟设外商独资银行、中外合资银行各方股东签署的经营合同；

（五）拟设外商独资银行、中外合资银行的股东或者拟设分行的外国银行的章程；

（六）拟设外商独资银行、中外合资银行的股东或者拟设分行的外国银行及其所在集团的组织结构图、主要股东名单、海外分支机构和关联企业名单；

（七）拟设外商独资银行、中外合资银行的股东或者拟设分行的外国银行最近3年的年报；

（八）拟设外商独资银行、中外合资银行的股东或者拟设分行的外国银行的反洗钱制度；

（九）拟设外商独资银行的股东、中外合资银行的外方股东或者拟设分行的外国银行所在国家或者地区金融监管当局核发的营业执照或者经营金融业务许可文件的复印件及对其申请的意见书；

（十）国务院银行业监督管理机构规定的其他资料。

拟设机构所在地的银行业监督管理机构应当将申请资料连同审核意见，及时报送国务院银行业监督管理机构。

第十五条 国务院银行业监督管理机构应当自收到设立外资银行营业性机构完整的申请资料之日起6个月内作出批准或者不批准筹建的决定，并书面通知申请人。决定不批准的，应当说明理由。

特殊情况下，国务院银行业监督管理机构不能在前款规定期限内完成审查并作出批准或者不批准筹建决定的，可以适当延长审查期限，并书面通知申请人，但延长期限不得超过3个月。

申请人凭批准筹建文件到拟设机构所在地的银行业监督管理机构领取开业申请表。

第十六条 申请人应当自获准筹建之日起6个月内完成筹建工作。在规定期限内未完成筹建工作的，应当说明理由，经拟设机构所在地的银行业监督管理机构批准，可以延长3个月。在延长期内仍未完成筹建工作的，国务院银行业监督管理机构作出的批准筹建决定自动失效。

第十七条 经验收合格完成筹建工作的，申请人应当将填写好的开业申请表连同下列资料报送拟设机构所在地的银行业监督管理机构：

（一）拟设机构的主要负责人名单及简历；

（二）对拟任该机构主要负责人的授权书；

（三）法定验资机构出具的验资证明；

（四）安全防范措施和与业务有关的其他设施的资料；

（五）设立分行的外国银行对该分行承担税务、债务的责任保证书；

（六）国务院银行业监督管理机构规定的其他资料。

拟设机构所在地的银行业监督管理机构应当将申请资料连同审核意见，及时报送国务院银行业监督管理机构。

第十八条 国务院银行业监督管理机构应当自收到完整的开业申请资料之日起2个月内，作出批准或者不批准开业的决定，并书面通知申请人。决定批准的，应当颁发金融许可证；决定不批准的，应当说明理由。

第十九条 经批准设立的外资银行营业性机构，应当凭金融许可证向市场监督管理部门办理登记，领取营业执照。

第二十条 设立外国银行代表处，应当将下列申请资料报送拟设代表处所在地的银行业监督管理机构：

（一）申请书，内容包括拟设代表处的名称、所在地等；

（二）可行性研究报告；

（三）申请人的章程；

（四）申请人及其所在集团的组织结构图、主要股东名单、海外分支机构和关联企业名单；

（五）申请人最近3年的年报；

（六）申请人的反洗钱制度；

（七）拟任该代表处首席代表的身份证明和学历证明的复印件、简历以及拟任人有无不良记录的陈述书；

（八）对拟任该代表处首席代表的授权书；

（九）申请人所在国家或者地区金融监管当局核发的营业执照或者经营金融业务许可文件的复印件及对其申请的意见书；

（十）国务院银行业监督管理机构规定的其他资料。

拟设代表处所在地的银行业监督管理机构应当将申请资料连同审核意见，及时报送国务院银行业监督管理机构。

第二十一条 国务院银行业监督管理机构应当自收到设立外国银行代表处完整的申请资料之日起6个月内作出批准或者不批准设立的决定，并书面通知申请人。决定不批准的，应当说明理由。

第二十二条 经批准设立的外国银行代表处，应当凭批准文件向市场监督管理部门办理登记，领取外国企业常驻代表机构登记证。

第二十三条 本条例第十四条、第十七条、第二十条所列资料，除年报外，凡用外文书写的，应当附有中文译本。

第二十四条 按照合法性、审慎性和持续经营原则，经国务院银行业监督管理机构批准，外国银行可以将其在中华人民共和国境内设立的分行改制为由其单独出资的外商独资银行。申请人应当按照国务院银行业监督管理机构规定的审批条件、程序、申请资料提出设立外商独资银行的申请。

第二十五条 外国银行可以在中华人民共和国境内同时设立外商独资银行和外国银行分行，或者同时设立中外合资银行和外国银行分行。

第二十六条 外资银行董事、高级管理人员、首席代表的任职资格应当符合国务院银行业监督管理机构规定的条件，并经国务院银行业监督管理机构核准。

第二十七条 外资银行有下列情形之一的，应当经国务院银行业监督管理机构批准，并按照规定提交申请资料，依法向市场监督管理部门办理有关登记：

（一）变更注册资本或者营运资金；

（二）变更机构名称、营业场所或者办公场所；

（三）调整业务范围；

（四）变更股东或者调整股东持股比例；

（五）修改章程；

（六）国务院银行业监督管理机构规定的其他情形。

外资银行更换董事、高级管理人员、首席代表，应当报经国务院银行业监督管理机构核准其任职资格。

第二十八条 外商独资银行、中外合资银行变更股东的，变更后的股东应当符合本条例第九条、第十条或者第十一条关于股东的条件。

第三章 业务范围

第二十九条 外商独资银行、中外合资银行按照国务院银行业监督管理机构批准的业务范围，可以经营下列部分或者全部外汇业务和人民币业务：

（一）吸收公众存款；

（二）发放短期、中期和长期贷款；

（三）办理票据承兑与贴现；

（四）代理发行、代理兑付、承销政府债券；

（五）买卖政府债券、金融债券，买卖股票以外的其他外币有价证券；

（六）提供信用证服务及担保；

（七）办理国内外结算；

（八）买卖、代理买卖外汇；

（九）代理收付款项及代理保险业务；

（十）从事同业拆借；

（十一）从事银行卡业务；

（十二）提供保管箱服务；

（十三）提供资信调查和咨询服务；

（十四）经国务院银行业监督管理机构批准的其他业务。

外商独资银行、中外合资银行经中国人民银行批准，可以经营结汇、售汇业务。

第三十条 外商独资银行、中外合资银行的分支机构在总行授权范围内开展业务，其民事责任由总行承担。

第三十一条 外国银行分行按照国务院银行业监督管理机构批准的业务范围，可以经营下列部分或者全部外汇业务以及对除中国境内公民以外客户的人民币业务：

（一）吸收公众存款；

（二）发放短期、中期和长期贷款；

（三）办理票据承兑与贴现；

（四）代理发行、代理兑付、承销政府债券

（五）买卖政府债券、金融债券，买卖股票以外的其他外币有价证券；

（六）提供信用证服务及担保；

（七）办理国内外结算；

（八）买卖、代理买卖外汇；

（九）代理收付款项及代理保险业务；

（十）从事同业拆借；

（十一）提供保管箱服务；

（十二）提供资信调查和咨询服务；

（十三）经国务院银行业监督管理机构批准的其他业务。

外国银行分行可以吸收中国境内公民每笔不少于50万元人民币的定期存款。

外国银行分行经中国人民银行批准，可以经营结汇、售汇业务。

第三十二条 外国银行分行及其分支机构的民事责任由其总行承担。

第三十三条 外国银行代表处可以从事与其代表的外国银行业务相关的联络、市场调查、咨询等非经营性活动。

外国银行代表处的行为所产生的民事责任，由其所代表的外国银行承担。

第三十四条 外资银行营业性机构经营本条例第二十九条或者第三十一条规定业务范围内的人民币业务的，应当符合国务院银行业监督管理机构规定的审慎性要求。

第四章 监督管理

第三十五条 外资银行营业性机构应当按照有关规定，制定本行的业务规则，建立、健全风险管理和内部控制制度，并遵照执行。

第三十六条 外资银行营业性机构应当遵守国家统一的会计制度和国务院银行业监督管理机构有关信息披露的规定。

第三十七条 外资银行营业性机构举借外债，应当按照国家有关规定执行。

第三十八条 外资银行营业性机构应当按照有关规定确定存款、贷款利率及各种手续费率。

第三十九条 外资银行营业性机构经营存款业务，应当按照中国人民银行的规定交存存款准备金。

第四十条 外商独资银行、中外合资银行应当遵守《中华人民共和国商业银行法》关于资产负债比例管理的规定。外国银行分行变更的由其总行单独出资的外商独资银行以及本条例施行前设立的外商独资银行、中外合资银行，其资产负债比例不符合规定的，应当在国务院银行业监督管理机构规定的期限内达到规定要求。

国务院银行业监督管理机构可以要求风险较高、风险管理能力较弱的外商独资银行、中外合资银行提高资本充足率。

第四十一条 外资银行营业性机构应当按照规定计提呆账准备金。

第四十二条 外商独资银行、中外合资银行应当遵守国务院银行业监督管理机构有关公司治理的规定。

第四十三条 外商独资银行、中外合资银行应当遵守国务院银行业监督管理机构有关关联交易的规定。

第四十四条 外国银行分行应当按照国务院银行业监督管理机构的规定，持有一定比例的生息资产。

第四十五条 外国银行分行营运资金加准备金等项之和中的人民币份额与其人民币风险资产的比例不得低于8%。

资本充足率持续符合所在国家或者地区金融监管当局以及国务院银行业监督管理机构规定的外国银行，其分行不受前款规定的限制。

国务院银行业监督管理机构可以要求风险较高、风险管理能力较弱的外国银行分行提高本条第一款规定的比例。

第四十六条 外国银行分行应当确保其资产的流动性。流动性资产余额与流动性负债余额的比例不得低于25%。

第四十七条 外国银行分行境内本外币资产余额不得低于境内本外币负债余额。

第四十八条 在中华人民共和国境内设立2家及2家以上分行的外国银行，应当授权其中1家分行对其他分行实施统一管理。

国务院银行业监督管理机构对外国银行在中华人民共和国境内设立的分行实行合并监管。

第四十九条 外资银行营业性机构应当按照国务院银行业监督管理机构的有关规定，向其所在地的银行业监督管理机构报告跨境大额资金流动和资产转移情况。

第五十条 国务院银行业监督管理机构根据外资银行营业性机构的风险状况，可以依法采取责令暂停部分业务、责令撤换高级管理人员等特别监管措施。

第五十一条 外资银行营业性机构应当聘请在中华人民共和国境内依法设立的会计师事务所对其财务会计报告进行审计，并应当向其所在地的银行业监督管理机构报告。解聘会计师事务所的，应当说明理由。

第五十二条 外资银行营业性机构应当按照规定向银行业监督管理机构报送财务会计报告、报表和有关资料。

外国银行代表处应当按照规定向银行业监督管理机构报送资料。

第五十三条 外资银行应当接受银行业监督管理机构依法进行的监督检查，不得拒绝、阻碍。

第五十四条 外商独资银行、中外合资银行应当设置独立的内部控制系统、风险管理系统、财务会计系统、计算机信息管理系统。

第五十五条 外国银行在中华人民共和国境内设立的外商独资银行、中外合资银行的董事长、高级管理人员和外国银行分行的高级管理人员不得相互兼职。

第五十六条 外国银行在中华人民共和国境内设立的外商独资银行、中外合资银行与外国银行分行之间进行的交易必须符合商业原则，交易条件不得优于与非关联方进行交易的条件。外国银行对其在中华人民共和国境内设立的外商独资银行与外国银行分行之间的资金交易，应当提供全额担保。

第五十七条 外国银行代表处及其工作人员，不得从事任何形式的经营性活动。

第五章 终止与清算

第五十八条 外资银行营业性机构自行终止业务活动的，应当在终止业务活动30日前以书面形式向国务院银行业监督管理机构提出申请，经审查批准予以解散或者关闭并进行清算。

第五十九条 外资银行营业性机构已经或者可能发生信用危机，严重影响存款人和其他客户合法权益的，国务院银行业监督管理机构可以依法对该外资银行营业性机构实行接管或者促成机构重组。

第六十条 外资银行营业性机构因解散、关闭、依法被撤销或者宣告破产而终止的，其清算的具体事宜，依照中华人民共和国有关法律、法规的规定办理。

第六十一条 外资银行营业性机构清算终结，应当在法定期限内向原登记机关办理注销登记。

第六十二条 外国银行代表处自行终止活动的，应当经国务院银行业监督管理机构批准予以关闭，并在法定期限内向原登记机关办理注销登记。

第六章 法律责任

第六十三条 未经国务院银行业监督管理机构审查批准，擅自设立外资银行或者非法从事银行业金融机构的业务活动的，由国务院银行业监督管理机构予以取缔，自被取缔之日起5年内，国务院银行业监督管理机构不受理该当事人设立外资银行的申请；构成犯罪的，依法追究刑事责任；尚不构成犯罪的，由国务院银行业监督管理机构没收违法所得，违法所得50万元以上的，并处违法所得1倍以上5倍以下罚款；没有违法所得或者违法所得不足50万元的，处50万元以上200万元以下罚款。

第六十四条 外资银行营业性机构有下列情形之一的，由国务院银行业监督管理机构责令改正，没收违法所得，违法所得50万元以上的，并处违法所得1倍以上5倍以下罚款；没有违法所得或者违法所得不足50万元的，处50万元以上200万元以下罚款；情节特别严重或者逾期不改正的，可以责令停业整顿或者吊销其金融许可证；构成犯罪的，依法追究刑事责任：

（一）未经批准设立分支机构的；

（二）未经批准变更、终止的；

（三）违反规定从事未经批准的业务活动的；

（四）违反规定提高或者降低存款利率、贷款利率的。

第六十五条 外资银行有下列情形之一的，由国务院银行业监督管理机构责令改正，处20万元以上50万元以下罚款；情节特别严重或者逾期不改正的，可以责令停业整顿、吊销其金融许可证、撤销代表处；构成犯罪的，依法追究刑事责任：

（一）未按照有关规定进行信息披露的；

（二）拒绝或者阻碍银行业监督管理机构依法进行的监督检查的；

（三）提供虚假的或者隐瞒重要事实的财务会计报告、报表或者有关资料的；

（四）隐匿、损毁监督检查所需的文件、证件、账簿、电子数据或者其他资料的；

（五）未经任职资格核准任命董事、高级管理人员、首席代表的；

（六）拒绝执行本条例第五十条规定的特别监管措施的。

第六十六条　外资银行营业性机构违反本条例有关规定，未按期报送财务会计报告、报表或者有关资料，或者未按照规定制定有关业务规则、建立健全有关管理制度的，由国务院银行业监督管理机构责令限期改正；逾期不改正的，处10万元以上30万元以下罚款。

第六十七条　外资银行营业性机构违反本条例第四章有关规定从事经营或者严重违反其他审慎经营规则的，由国务院银行业监督管理机构责令改正，处20万元以上50万元以下罚款；情节特别严重或者逾期不改正的，可以责令停业整顿或者吊销其金融许可证。

第六十八条　外资银行营业性机构违反本条例规定，国务院银行业监督管理机构除依照本条例第六十三条至第六十七条规定处罚外，还可以区别不同情形，采取下列措施：

（一）责令外资银行营业性机构撤换直接负责的董事、高级管理人员和其他直接责任人员；

（二）外资银行营业性机构的行为尚不构成犯罪的，对直接负责的董事、高级管理人员和其他直接责任人员给予警告，并处5万元以上50万元以下罚款；

（三）取消直接负责的董事、高级管理人员一定期限直至终身在中华人民共和国境内的任职资格，禁止直接负责的董事、高级管理人员和其他直接责任人员一定期限直至终身在中华人民共和国境内从事银行业工作。

第六十九条　外国银行代表处违反本条例规定，从事经营性活动的，由国务院银行业监督管理机构责令改正，给予警告，没收违法所得，违法所得50万元以上的，并处违法所得1倍以上5倍以下罚款；没有违法所得或者违法所得不足50万元的，处50万元以上200万元以下罚款；情节严重的，由国务院银行业监督管理机构予以撤销；构成犯罪的，依法追究刑事责任。

第七十条 外国银行代表处有下列情形之一的，由国务院银行业监督管理机构责令改正，给予警告，并处10万元以上30万元以下罚款；情节严重的，取消首席代表一定期限在中华人民共和国境内的任职资格或者要求其代表的外国银行撤换首席代表；情节特别严重的，由国务院银行业监督管理机构予以撤销：

（一）未经批准变更办公场所的；

（二）未按照规定向国务院银行业监督管理机构报送资料的；

（三）违反本条例或者国务院银行业监督管理机构的其他规定的。

第七十一条 外资银行违反中华人民共和国其他法律、法规的，由有关主管机关依法处理。

第七章 附 则

第七十二条 香港特别行政区、澳门特别行政区和台湾地区的金融机构在内地（大陆）设立的银行机构，比照适用本条例。国务院另有规定的，依照其规定。

第七十三条 本条例自2006年12月11日起施行。2001年12月20日国务院公布的《中华人民共和国外资金融机构管理条例》同时废止。

做好法治保障，确保银行业、保险业对外开放措施落地落实

——司法部、中国银保监会负责人就《国务院关于修改〈中华人民共和国外资保险公司管理条例〉和〈中华人民共和国外资银行管理条例〉的决定》有关问题答记者问

问：此次修改两部条例的背景是什么？

答：党中央、国务院高度重视对外开放工作，明确将“开放”列为五大

发展理念之一，强调改善投资和市场环境、加快对外开放步伐，积极稳妥推动金融业对外开放。习近平主席在博鳌亚洲论坛2018年年会开幕式上，发表题为“开放开创繁荣 创新引领未来”的主旨演讲，宣布大幅放宽市场准入，确保放宽银行、证券、保险行业外资股比限制的重大措施落地，同时要加大开放力度，加快保险行业开放进程，放宽外资金融机构设立限制，扩大外资金融机构在华业务范围，拓宽中外金融市场合作领域。经党中央、国务院批准，2019年5月，中国银保监会从取消外资股比限制、放宽市场准入条件、拓宽商业存在和扩大业务范围等方面，提出12条银行业、保险业新开放政策措施。2019年7月，国务院金融稳定发展委员会办公室在深入研究评估的基础上，再次推出包括放宽外资保险公司准入条件在内的11条新开放政策措施。全面贯彻落实党中央、国务院决策部署，为银行业、保险业对外开放顺利实施提供法治保障，有必要对《中华人民共和国外资银行管理条例》和《中华人民共和国外资保险公司管理条例》作出相应修改。

问：修改工作的总体思路和把握的原则是什么？

答：此次修改工作以习近平新时代中国特色社会主义思想为指导，贯彻落实党中央、国务院关于金融业对外开放的决策部署，在平等互利基础上，积极稳妥推动金融业对外开放，完善外资银行、外资保险公司监督管理制度。

把握的主要原则：一是扩大开放与自主灵活实施并立，结合国内改革发展目标和国家战略需要进行开放，实现互利共赢；二是扩大开放与维护金融安全并重，通过有效措施保障金融安全，落实开放举措；三是扩大开放与有序推进并行，注重对外开放与我国实际相结合，走一条符合中国国情的银行业、保险业对外开放道路。

问：修改后的《中华人民共和国外资保险公司管理条例》（以下简称《外资保险公司条例》）在扩大保险业对外开放方面，主要有哪些体现？

答：修改后的《外资保险公司条例》放宽了外资保险公司准入限制，对申请设立外资保险公司的外国保险公司，取消“经营保险业务30年以上”和“在中国境内已经设立代表机构2年以上”的条件，鼓励更多有经营特色和专长的保险机构进入中国市场。同时，允许外国保险集团公司在中国境内投资设立外资保险公司，允许境外金融机构入股外资保险公司，并授权国务院保险监督管理机构制定具体管理办法，进一步丰富外资保险公司的股东类型，激发市场活力，促进保险业高质量发展。

问：修改后的《中华人民共和国外资银行管理条例》（以下简称《外资银行条例》）进一步放宽了外资银行准入门槛，主要体现在哪些方面？

答：一是放宽中外合资银行中方股东限制，取消中外合资银行的中方唯一或者主要股东应当为金融机构的要求，进一步扩大外资银行自主选择中方合作伙伴的范围；二是放宽外国银行在华设立营业性机构的条件限制，取消外国金融机构来华设立法人银行的100亿美元总资产要求和外国银行来华设立分行的200亿美元总资产要求，为规模较小但自身经营具有特色和专长的外国银行来华设立机构提供更大空间。

问：根据修改后的《外资银行条例》，外国银行在华是否可以同时拥有子行和分行？

答：修改后的《外资银行条例》放宽了对外国银行在中国境内同时设立法人银行和外国银行分行的限制，允许外国银行在中华人民共和国境内同时设立外商独资银行和外国银行分行，或者同时设立中外合资银行和外国银行分行，以更好满足外国银行拓展在华业务的实际需要。

问：在放宽外资银行业务限制方面，有哪些新变化？

答：修改后的《外资银行条例》进一步放宽对外资银行的业务限制，主要体现在以下三方面：一是扩大外资银行的业务范围，增加“代理发行、代理兑付、承销政府债券”和“代理收付款项”业务，进一步提升在华外资银行服务能力；二是降低外国银行分行吸收人民币存款的业务门槛，将外国银行分行可以吸收中国境内公民定期存款的金额下限由每笔不少于100万元人民币改为每笔不少于50万元人民币；三是取消外资银行开办人民币业务的审批，进一步优化在华外资银行的营商环境，使条件成熟、准备充分的外资银行一开业即拥有全面的本外币服务能力，在为实体经济更好提供服务的同时，增加盈利来源。

问：修改后的《外资银行条例》对外国银行分行营运资金管理作出了哪些调整？

答：为在保证安全的同时增强外国银行分行资产运用的自主性和灵活性，将原来规定的“外国银行分行营运资金的30%应当以国务院银行业监督管理机构指定的生息资产形式存在”，修改为“外国银行分行应当按照国务院银行业监督管理机构的规定，持有一定比例的生息资产”。同时，增加规定：资本充足率持续符合所在国家或者地区金融监管当局以及国务院银行业监督管理机构规定的外国银行，其在中国境内的分行不受“营运资金加准备金等项之和中的人民币份额与其人民币风险资产的比例不得低于8%”的限制。

问：为贯彻落实两部条例，下一步有哪些工作安排？

答：下一步，中国银保监会将加快推进《外资银行管理条例实施细则》《外资保险公司管理条例实施细则》等相关配套制度的修订完善，进一步优化银行业、保险业投资和经营环境，激发外资参与中国金融业发展的活力，丰富金融服务和产品体系，提升金融服务实体经济的质效。

在平等互利的基础上，支持更多符合条件的外资金融机构参与中国银行业、保险业对外开放进程，共同构建更加开放、互利共赢的金融市场。与此同时，我们将立足中国国情，借鉴国际经验，持续完善法规制度建设，坚决守住不发生系统性金融风险的底线，促进银行业、保险业健康发展，确保新时代金融业改革开放行稳致远。

中华人民共和国食品安全法实施条例

（2009年7月20日中华人民共和国国务院令第557号公布
根据2016年2月6日《国务院关于修改部分行政法规的决定》修订
2019年3月26日国务院第42次常务会议修订通过）

第一章 总 则

第一条 根据《中华人民共和国食品安全法》（以下简称食品安全法），制定本条例。

第二条 食品生产经营者应当依照法律、法规和食品安全标准从事生产经营活动，建立健全食品安全管理制度，采取有效措施预防和控制食品安全风险，保证食品安全。

第三条 国务院食品安全委员会负责分析食品安全形势，研究部署、统筹指导食品安全工作，提出食品安全监督管理的重大政策措施，督促落实食品安全监督管理责任。县级以上地方人民政府食品安全委员会按照本级人民政府规定的职责开展工作。

第四条 县级以上人民政府建立统一权威的食品安全监督管理体制，加强食品安全监督管理能力建设。

县级以上人民政府食品安全监督管理部门和其他有关部门应当依法履行职责，加强协调配合，做好食品安全监督管理工作。

乡镇人民政府和街道办事处应当支持、协助县级人民政府食品安全监督管理部门及其派出机构依法开展食品安全监督管理工作。

第五条 国家将食品安全知识纳入国民素质教育内容，普及食品安全科学常识和法律知识，提高全社会的食品安全意识。

第二章 食品安全风险监测和评估

第六条 县级以上人民政府卫生行政部门会同同级食品安全监督管理等部门建立食品安全风险监测会商机制，汇总、分析风险监测数据，研判食品安全风险，形成食品安全风险监测分析报告，报本级人民政府；县级以上地方人民政府卫生行政部门还应当将食品安全风险监测分析报告同时报上一级人民政府卫生行政部门。食品安全风险监测会商的具体办法由国务院卫生行政部门会同国务院食品安全监督管理等部门制定。

第七条 食品安全风险监测结果表明存在食品安全隐患，食品安全监督管理等部门经进一步调查确认有必要通知相关食品生产经营者的，应当及时通知。

接到通知的食品生产经营者应当立即进行自查，发现食品不符合食品安全标准或者有证据证明可能危害人体健康的，应当依照食品安全法第六十三条的规定停止生产、经营，实施食品召回，并报告相关情况。

第八条 国务院卫生行政、食品安全监督管理等部门发现需要对农药、肥料、兽药、饲料和饲料添加剂等进行安全性评估的，应当向国务院农业行政部门提出安全性评估建议。国务院农业行政部门应当及时组织评估，并向国务院有关部门通报评估结果。

第九条 国务院食品安全监督管理部门和其他有关部门建立食品安全风险信息交流机制，明确食品安全风险信息交流的内容、程序和要求。

第三章　食品安全标准

第十条　国务院卫生行政部门会同国务院食品安全监督管理、农业行政等部门制定食品安全国家标准规划及其年度实施计划。国务院卫生行政部门应当在其网站上公布食品安全国家标准规划及其年度实施计划的草案，公开征求意见。

第十一条　省、自治区、直辖市人民政府卫生行政部门依照食品安全法第二十九条的规定制定食品安全地方标准，应当公开征求意见。省、自治区、直辖市人民政府卫生行政部门应当自食品安全地方标准公布之日起 30 个工作日内，将地方标准报国务院卫生行政部门备案。国务院卫生行政部门发现备案的食品安全地方标准违反法律、法规或者食品安全国家标准的，应当及时予以纠正。

食品安全地方标准依法废止的，省、自治区、直辖市人民政府卫生行政部门应当及时在其网站上公布废止情况。

第十二条　保健食品、特殊医学用途配方食品、婴幼儿配方食品等特殊食品不属于地方特色食品，不得对其制定食品安全地方标准。

第十三条　食品安全标准公布后，食品生产经营者可以在食品安全标准规定的实施日期之前实施并公开提前实施情况。

第十四条　食品生产企业不得制定低于食品安全国家标准或者地方标准要求的企业标准。食品生产企业制定食品安全指标严于食品安全国家标准或者地方标准的企业标准的，应当报省、自治区、直辖市人民政府卫生行政部门备案。

食品生产企业制定企业标准的，应当公开，供公众免费查阅。

第四章　食品生产经营

第十五条　食品生产经营许可的有效期为 5 年。

食品生产经营者的生产经营条件发生变化，不再符合食品生产经营要求的，食品生产经营者应当立即采取整改措施；需要重新办理许可手续的，应当依法办理。

第十六条　国务院卫生行政部门应当及时公布新的食品原料、食品添加剂新品种和食品相关产品新品种目录以及所适用的食品安全国家标准。

对按照传统既是食品又是中药材的物质目录，国务院卫生行政部门会同国务院食品安全监督管理部门应当及时更新。

第十七条 国务院食品安全监督管理部门会同国务院农业行政等有关部门明确食品安全全程追溯基本要求，指导食品生产经营者通过信息化手段建立、完善食品安全追溯体系。

食品安全监督管理等部门应当将婴幼儿配方食品等针对特定人群的食品以及其他食品安全风险较高或者销售量大的食品的追溯体系建设作为监督检查的重点。

第十八条 食品生产经营者应当建立食品安全追溯体系，依照食品安全法的规定如实记录并保存进货查验、出厂检验、食品销售等信息，保证食品可追溯。

第十九条 食品生产经营企业的主要负责人对本企业的食品安全工作全面负责，建立并落实本企业的食品安全责任制，加强供货者管理、进货查验和出厂检验、生产经营过程控制、食品安全自查等工作。食品生产经营企业的食品安全管理人员应当协助企业主要负责人做好食品安全管理工作。

第二十条 食品生产经营企业应当加强对食品安全管理人员的培训和考核。食品安全管理人员应当掌握与其岗位相适应的食品安全法律、法规、标准和专业知识，具备食品安全管理能力。食品安全监督管理部门应当对企业食品安全管理人员进行随机监督抽查考核。考核指南由国务院食品安全监督管理部门制定、公布。

第二十一条 食品、食品添加剂生产经营者委托生产食品、食品添加剂的，应当委托取得食品生产许可、食品添加剂生产许可的生产者生产，并对其生产行为进行监督，对委托生产的食品、食品添加剂的安全负责。受托方应当依照法律、法规、食品安全标准以及合同约定进行生产，对生产行为负责，并接受委托方的监督。

第二十二条 食品生产经营者不得在食品生产、加工场所贮存依照本条例第六十三条规定制定的名录中的物质。

第二十三条 对食品进行辐照加工，应当遵守食品安全国家标准，并按照食品安全国家标准的要求对辐照加工食品进行检验和标注。

第二十四条 贮存、运输对温度、湿度等有特殊要求的食品，应当具备保温、冷藏或者冷冻等设备设施，并保持有效运行。

第二十五条 食品生产经营者委托贮存、运输食品的，应当对受托方的食品安全保障能力进行审核，并监督受托方按照保证食品安全的要求贮存、运输食品。受托方应当保证食品贮存、运输条件符合食品安全的要求，加强食品贮存、运输过程管理。

接受食品生产经营者委托贮存、运输食品的，应当如实记录委托方和收货方的名称、地址、联系方式等内容。记录保存期限不得少于贮存、运输结束后2年。

非食品生产经营者从事对温度、湿度等有特殊要求的食品贮存业务的，应当自取得营业执照之日起30个工作日内向所在地县级人民政府食品安全监督管理部门备案。

第二十六条 餐饮服务提供者委托餐具饮具集中消毒服务单位提供清洗消毒服务的，应当查验、留存餐具饮具集中消毒服务单位的营业执照复印件和消毒合格证明。保存期限不得少于消毒餐具饮具使用期限到期后6个月。

第二十七条 餐具饮具集中消毒服务单位应当建立餐具饮具出厂检验记录制度，如实记录出厂餐具饮具的数量、消毒日期和批号、使用期限、出厂日期以及委托方名称、地址、联系方式等内容。出厂检验记录保存期限不得少于消毒餐具饮具使用期限到期后6个月。消毒后的餐具饮具应当在独立包装上标注单位名称、地址、联系方式、消毒日期和批号以及使用期限等内容。

第二十八条 学校、托幼机构、养老机构、建筑工地等集中用餐单位的食堂应当执行原料控制、餐具饮具清洗消毒、食品留样等制度，并依照食品安全法第四十七条的规定定期开展食堂食品安全自查。

承包经营集中用餐单位食堂的，应当依法取得食品经营许可，并对食堂的食品安全负责。集中用餐单位应当督促承包方落实食品安全管理制度，承担管理责任。

第二十九条 食品生产经营者应当对变质、超过保质期或者回收的食品进行显著标示或者单独存放在有明确标志的场所，及时采取无害化处理、销毁等措施并如实记录。

食品安全法所称回收食品，是指已经售出，因违反法律、法规、食品安全标准或者超过保质期等原因，被召回或者退回的食品，不包括依照食品安全法第六十三条第三款的规定可以继续销售的食品。

第三十条 县级以上地方人民政府根据需要建设必要的食品无害化处理和

销毁设施。食品生产经营者可以按照规定使用政府建设的设施对食品进行无害化处理或者予以销毁。

第三十一条 食品集中交易市场的开办者、食品展销会的举办者应当在市场开业或者展销会举办前向所在地县级人民政府食品安全监督管理部门报告。

第三十二条 网络食品交易第三方平台提供者应当妥善保存入网食品经营者的登记信息和交易信息。县级以上人民政府食品安全监督管理部门开展食品安全监督检查、食品安全案件调查处理、食品安全事故处置确需了解有关信息的，经其负责人批准，可以要求网络食品交易第三方平台提供者提供，网络食品交易第三方平台提供者应当按照要求提供。县级以上人民政府食品安全监督管理部门及其工作人员对网络食品交易第三方平台提供者提供的信息依法负有保密义务。

第三十三条 生产经营转基因食品应当显著标示，标示办法由国务院食品安全监督管理部门会同国务院农业行政部门制定。

第三十四条 禁止利用包括会议、讲座、健康咨询在内的任何方式对食品进行虚假宣传。食品安全监督管理部门发现虚假宣传行为的，应当依法及时处理。

第三十五条 保健食品生产工艺有原料提取、纯化等前处理工序的，生产企业应当具备相应的原料前处理能力。

第三十六条 特殊医学用途配方食品生产企业应当按照食品安全国家标准规定的检验项目对出厂产品实施逐批检验。

特殊医学用途配方食品中的特定全营养配方食品应当通过医疗机构或者药品零售企业向消费者销售。医疗机构、药品零售企业销售特定全营养配方食品的，不需要取得食品经营许可，但是应当遵守食品安全法和本条例关于食品销售的规定。

第三十七条 特殊医学用途配方食品中的特定全营养配方食品广告按照处方药广告管理，其他类别的特殊医学用途配方食品广告按照非处方药广告管理。

第三十八条 对保健食品之外的其他食品，不得声称具有保健功能。

对添加食品安全国家标准规定的选择性添加物质的婴幼儿配方食品，不得以选择性添加物质命名。

第三十九条 特殊食品的标签、说明书内容应当与注册或者备案的标签、说明书一致。销售特殊食品，应当核对食品标签、说明书内容是否与注册或者备案的标签、说明书一致，不一致的不得销售。省级以上人民政府食品安全监督管理部门应当在其网站上公布注册或者备案的特殊食品的标签、说明书。

特殊食品不得与普通食品或者药品混放销售。

第五章　食品检验

第四十条　对食品进行抽样检验，应当按照食品安全标准、注册或者备案的特殊食品的产品技术要求以及国家有关规定确定的检验项目和检验方法进行。

第四十一条　对可能掺杂掺假的食品，按照现有食品安全标准规定的检验项目和检验方法以及依照食品安全法第一百一十一条和本条例第六十三条规定制定的检验项目和检验方法无法检验的，国务院食品安全监督管理部门可以制定补充检验项目和检验方法，用于对食品的抽样检验、食品安全案件调查处理和食品安全事故处置。

第四十二条　依照食品安全法第八十八条的规定申请复检的，申请人应当向复检机构先行支付复检费用。复检结论表明食品不合格的，复检费用由复检申请人承担；复检结论表明食品合格的，复检费用由实施抽样检验的食品安全监督管理部门承担。

复检机构无正当理由不得拒绝承担复检任务。

第四十三条　任何单位和个人不得发布未依法取得资质认定的食品检验机构出具的食品检验信息，不得利用上述检验信息对食品、食品生产经营者进行等级评定，欺骗、误导消费者。

第六章　食品进出口

第四十四条　进口商进口食品、食品添加剂，应当按照规定向出入境检验检疫机构报检，如实申报产品相关信息，并随附法律、行政法规规定的合格证明材料。

第四十五条　进口食品运达口岸后，应当存放在出入境检验检疫机构指定或者认可的场所；需要移动的，应当按照出入境检验检疫机构的要求采取必要的安全防护措施。大宗散装进口食品应当在卸货口岸进行检验。

第四十六条　国家出入境检验检疫部门根据风险管理需要，可以对部分食品实行指定口岸进口。

第四十七条 国务院卫生行政部门依照食品安全法第九十三条的规定对境外出口商、境外生产企业或者其委托的进口商提交的相关国家（地区）标准或者国际标准进行审查，认为符合食品安全要求的，决定暂予适用并予以公布；暂予适用的标准公布前，不得进口尚无食品安全国家标准的食品。

食品安全国家标准中通用标准已经涵盖的食品不属于食品安全法第九十三条规定的尚无食品安全国家标准的食品。

第四十八条 进口商应当建立境外出口商、境外生产企业审核制度，重点审核境外出口商、境外生产企业制定和执行食品安全风险控制措施的情况以及向我国出口的食品是否符合食品安全法、本条例和其他有关法律、行政法规的规定以及食品安全国家标准的要求。

第四十九条 进口商依照食品安全法第九十四条第三款的规定召回进口食品的，应当将食品召回和处理情况向所在地县级人民政府食品安全监督管理部门和所在地出入境检验检疫机构报告。

第五十条 国家出入境检验检疫部门发现已经注册的境外食品生产企业不再符合注册要求的，应当责令其在规定期限内整改，整改期间暂停进口其生产的食品；经整改仍不符合注册要求的，国家出入境检验检疫部门应当撤销境外食品生产企业注册并公告。

第五十一条 对通过我国良好生产规范、危害分析与关键控制点体系认证的境外生产企业，认证机构应当依法实施跟踪调查。对不再符合认证要求的企业，认证机构应当依法撤销认证并向社会公布。

第五十二条 境外发生的食品安全事件可能对我国境内造成影响，或者在进口食品、食品添加剂、食品相关产品中发现严重食品安全问题的，国家出入境检验检疫部门应当及时进行风险预警，并可以对相关的食品、食品添加剂、食品相关产品采取下列控制措施：

（一）退货或者销毁处理；

（二）有条件地限制进口；

（三）暂停或者禁止进口。

第五十三条 出口食品、食品添加剂的生产企业应当保证其出口食品、食品添加剂符合进口国家（地区）的标准或者合同要求；我国缔结或者参加的国际条约、协定有要求的，还应当符合国际条约、协定的要求。

第七章 食品安全事故处置

第五十四条 食品安全事故按照国家食品安全事故应急预案实行分级管理。县级以上人民政府食品安全监督管理部门会同同级有关部门负责食品安全事故调查处理。

县级以上人民政府应当根据实际情况及时修改、完善食品安全事故应急预案。

第五十五条 县级以上人民政府应当完善食品安全事故应急管理机制，改善应急装备，做好应急物资储备和应急队伍建设，加强应急培训、演练。

第五十六条 发生食品安全事故的单位应当对导致或者可能导致食品安全事故的食品及原料、工具、设备、设施等，立即采取封存等控制措施。

第五十七条 县级以上人民政府食品安全监督管理部门接到食品安全事故报告后，应当立即会同同级卫生行政、农业行政等部门依照食品安全法第一百零五条的规定进行调查处理。食品安全监督管理部门应当对事故单位封存的食品及原料、工具、设备、设施等予以保护，需要封存而事故单位尚未封存的应当直接封存或者责令事故单位立即封存，并通知疾病预防控制机构对与事故有关的因素开展流行病学调查。

疾病预防控制机构应当在调查结束后向同级食品安全监督管理、卫生行政部门同时提交流行病学调查报告。

任何单位和个人不得拒绝、阻挠疾病预防控制机构开展流行病学调查。有关部门应当对疾病预防控制机构开展流行病学调查予以协助。

第五十八条 国务院食品安全监督管理部门会同国务院卫生行政、农业行政等部门定期对全国食品安全事故情况进行分析，完善食品安全监督管理措施，预防和减少事故的发生。

第八章 监督管理

第五十九条 设区的市级以上人民政府食品安全监督管理部门根据监督管理工作需要，可以对由下级人民政府食品安全监督管理部门负责日常监督管理的食品生产经营者实施随机监督检查，也可以组织下级人民政府食品安全监督管理部门对食品生产经营者实施异地监督检查。

设区的市级以上人民政府食品安全监督管理部门认为必要的，可以直接调查处理下级人民政府食品安全监督管理部门管辖的食品安全违法案件，也可以指定其他下级人民政府食品安全监督管理部门调查处理。

第六十条 国家建立食品安全检查员制度，依托现有资源加强职业化检查员队伍建设，强化考核培训，提高检查员专业化水平。

第六十一条 县级以上人民政府食品安全监督管理部门依照食品安全法第一百一十条的规定实施查封、扣押措施，查封、扣押的期限不得超过30日；情况复杂的，经实施查封、扣押措施的食品安全监督管理部门负责人批准，可以延长，延长期限不得超过45日。

第六十二条 网络食品交易第三方平台多次出现入网食品经营者违法经营或者入网食品经营者的违法经营行为造成严重后果的，县级以上人民政府食品安全监督管理部门可以对网络食品交易第三方平台提供者的法定代表人或者主要负责人进行责任约谈。

第六十三条 国务院食品安全监督管理部门会同国务院卫生行政等部门根据食源性疾病信息、食品安全风险监测信息和监督管理信息等，对发现的添加或者可能添加到食品中的非食品用化学物质和其他可能危害人体健康的物质，制定名录及检测方法并予以公布。

第六十四条 县级以上地方人民政府卫生行政部门应当对餐具饮具集中消毒服务单位进行监督检查，发现不符合法律、法规、国家相关标准以及相关卫生规范等要求的，应当及时调查处理。监督检查的结果应当向社会公布。

第六十五条 国家实行食品安全违法行为举报奖励制度，对查证属实的举报，给予举报人奖励。举报人举报所在企业食品安全重大违法犯罪行为的，应当加大奖励力度。有关部门应当对举报人的信息予以保密，保护举报人的合法权益。食品安全违法行为举报奖励办法由国务院食品安全监督管理部门会同国务院财政等有关部门制定。

食品安全违法行为举报奖励资金纳入各级人民政府预算。

第六十六条 国务院食品安全监督管理部门应当会同国务院有关部门建立守信联合激励和失信联合惩戒机制，结合食品生产经营者信用档案，建立严重违法生产经营者黑名单制度，将食品安全信用状况与准入、融资、信贷、征信等相衔接，及时向社会公布。

第九章　法律责任

第六十七条 有下列情形之一的，属于食品安全法第一百二十三条至第一百二十六条、第一百三十二条以及本条例第七十二条、第七十三条规定的情节严重情形：

（一）违法行为涉及的产品货值金额2万元以上或者违法行为持续时间3个月以上；

（二）造成食源性疾病并出现死亡病例，或者造成30人以上食源性疾病但未出现死亡病例；

（三）故意提供虚假信息或者隐瞒真实情况；

（四）拒绝、逃避监督检查；

（五）因违反食品安全法律、法规受到行政处罚后1年内又实施同一性质的食品安全违法行为，或者因违反食品安全法律、法规受到刑事处罚后又实施食品安全违法行为；

（六）其他情节严重的情形。

对情节严重的违法行为处以罚款时，应当依法从重从严。

第六十八条 有下列情形之一的，依照食品安全法第一百二十五条第一款、本条例第七十五条的规定给予处罚：

（一）在食品生产、加工场所贮存依照本条例第六十三条规定制定的名录中的物质；

（二）生产经营的保健食品之外的食品的标签、说明书声称具有保健功能；

（三）以食品安全国家标准规定的选择性添加物质命名婴幼儿配方食品；

（四）生产经营的特殊食品的标签、说明书内容与注册或者备案的标签、说明书不一致。

第六十九条 有下列情形之一的，依照食品安全法第一百二十六条第一款、本条例第七十五条的规定给予处罚：

（一）接受食品生产经营者委托贮存、运输食品，未按照规定记录保存信息；

（二）餐饮服务提供者未查验、留存餐具饮具集中消毒服务单位的营业执照复印件和消毒合格证明；

（三）食品生产经营者未按照规定对变质、超过保质期或者回收的食品进行标示或者存放，或者未及时对上述食品采取无害化处理、销毁等措施并如实记录；

（四）医疗机构和药品零售企业之外的单位或者个人向消费者销售特殊医学用途配方食品中的特定全营养配方食品；

（五）将特殊食品与普通食品或者药品混放销售。

第七十条 除食品安全法第一百二十五条第一款、第一百二十六条规定的情形外，食品生产经营者的生产经营行为不符合食品安全法第三十三条第一款第五项、第七项至第十项的规定，或者不符合有关食品生产经营过程要求的食品安全国家标准的，依照食品安全法第一百二十六条第一款、本条例第七十五条的规定给予处罚。

第七十一条 餐具饮具集中消毒服务单位未按照规定建立并遵守出厂检验记录制度的，由县级以上人民政府卫生行政部门依照食品安全法第一百二十六条第一款、本条例第七十五条的规定给予处罚。

第七十二条 从事对温度、湿度等有特殊要求的食品贮存业务的非食品生产经营者，食品集中交易市场的开办者、食品展销会的举办者，未按照规定备案或者报告的，由县级以上人民政府食品安全监督管理部门责令改正，给予警告；拒不改正的，处1万元以上5万元以下罚款；情节严重的，责令停产停业，并处5万元以上20万元以下罚款。

第七十三条 利用会议、讲座、健康咨询等方式对食品进行虚假宣传的，由县级以上人民政府食品安全监督管理部门责令消除影响，有违法所得的，没收违法所得；情节严重的，依照食品安全法第一百四十条第五款的规定进行处罚；属于单位违法的，还应当依照本条例第七十五条的规定对单位的法定代表人、主要负责人、直接负责的主管人员和其他直接责任人员给予处罚。

第七十四条 食品生产经营者生产经营的食品符合食品安全标准但不符合食品所标注的企业标准规定的食品安全指标的，由县级以上人民政府食品安全监督管理部门给予警告，并责令食品经营者停止经营该食品，责令食品生产企业改正；拒不停止经营或者改正的，没收不符合企业标准规定的食品安全指标的食品，货值金额不足1万元的，并处1万元以上5万元以下罚款，货值金额1万元以上的，并处货值金额5倍以上10倍以下罚款。

第七十五条 食品生产经营企业等单位有食品安全法规定的违法情形，除依照食品安全法的规定给予处罚外，有下列情形之一的，对单位的法定代表人、主要负责人、直接负责的主管人员和其他直接责任人员处以其上一年度从本单位取得收入的1倍以上10倍以下罚款：

（一）故意实施违法行为；

（二）违法行为性质恶劣；

（三）违法行为造成严重后果。

属于食品安全法第一百二十五条第二款规定情形的，不适用前款规定。

第七十六条 食品生产经营者依照食品安全法第六十三条第一款、第二款的规定停止生产、经营，实施食品召回，或者采取其他有效措施减轻或者消除食品安全风险，未造成危害后果的，可以从轻或者减轻处罚。

第七十七条 县级以上地方人民政府食品安全监督管理等部门对有食品安全法第一百二十三条规定的违法情形且情节严重，可能需要行政拘留的，应当及时将案件及有关材料移送同级公安机关。公安机关认为需要补充材料的，食品安全监督管理等部门应当及时提供。公安机关经审查认为不符合行政拘留条件的，应当及时将案件及有关材料退回移送的食品安全监督管理等部门。

第七十八条 公安机关对发现的食品安全违法行为，经审查没有犯罪事实或者立案侦查后认为不需要追究刑事责任，但依法应当予以行政拘留的，应当及时作出行政拘留的处罚决定；不需要予以行政拘留但依法应当追究其他行政责任的，应当及时将案件及有关材料移送同级食品安全监督管理等部门。

第七十九条 复检机构无正当理由拒绝承担复检任务的，由县级以上人民政府食品安全监督管理部门给予警告，无正当理由1年内2次拒绝承担复检任务的，由国务院有关部门撤销其复检机构资质并向社会公布。

第八十条 发布未依法取得资质认定的食品检验机构出具的食品检验信息，或者利用上述检验信息对食品、食品生产经营者进行等级评定，欺骗、误导消费者的，由县级以上人民政府食品安全监督管理部门责令改正，有违法所得的，没收违法所得，并处10万元以上50万元以下罚款；拒不改正的，处50万元以上100万元以下罚款；构成违反治安管理行为的，由公安机关依法给予治安管理处罚。

第八十一条 食品安全监督管理部门依照食品安全法、本条例对违法单位或者个人处以30万元以上罚款的，由设区的市级以上人民政府食品安全监督管理部门决定。罚款具体处罚权限由国务院食品安全监督管理部门规定。

第八十二条 阻碍食品安全监督管理等部门工作人员依法执行职务，构成违反治安管理行为的，由公安机关依法给予治安管理处罚。

第八十三条 县级以上人民政府食品安全监督管理等部门发现单位或者个

人违反食品安全法第一百二十条第一款规定，编造、散布虚假食品安全信息，涉嫌构成违反治安管理行为的，应当将相关情况通报同级公安机关。

第八十四条 县级以上人民政府食品安全监督管理部门及其工作人员违法向他人提供网络食品交易第三方平台提供者提供的信息的，依照食品安全法第一百四十五条的规定给予处分。

第八十五条 违反本条例规定，构成犯罪的，依法追究刑事责任。

第十章　附　　则

第八十六条 本条例自2019年12月1日起施行。

司法部、市场监管总局负责人就《中华人民共和国食品安全法实施条例》答记者问

2019年10月11日，国务院总理李克强签署第721号国务院令，公布修订后的《中华人民共和国食品安全法实施条例》（以下简称《条例》）。《条例》自2019年12月1日起施行。司法部、市场监管总局的负责人就《条例》的有关问题回答了记者提问。

问：请简要介绍一下《条例》的修订背景。

答：党中央、国务院高度重视食品安全。党的十九大报告提出，实施食品安全战略，让人民吃得放心。习近平总书记指出，民以食为天，食品安全工作必须抓得紧而又紧，落实最严谨的标准、最严格的监管、最严厉的处罚、最严肃的问责，确保所有食品安全违法行为都要追究到个人，切实保障人民群众"舌尖上的安全"。李克强总理强调，要加快健全从中央到地方直至基层的权威监管体系，落实最严格的全程监管制度，严把从农田到餐桌的每一道防线，对违法违规行为要零容忍、出快手、下重拳。韩正等国务院领导同志多次研究

部署相关工作。

2015年4月，第十二届全国人大常委会第十四次会议通过了新修订的《中华人民共和国食品安全法》（以下简称食品安全法）。修订后食品安全法实施以来，我国食品安全整体水平稳步提升，食品安全总体形势不断好转，但仍存在部门间协调配合不够顺畅，部分食品安全标准之间衔接不够紧密，食品贮存、运输环节不够规范，食品虚假宣传时有发生等问题，需要进一步解决；同时，监管实践中形成的一些有效做法也需要总结、上升为法律规范。根据修订后食品安全法的规定，针对当前存在的实际问题，有必要对2009年7月国务院制定的《条例》进行修订。

问：请简要介绍一下《条例》的修订过程。

答：2016年7月，原食品药品监管总局向国务院报送了《中华人民共和国食品安全法实施条例（修订草案送审稿）》。收到此件后，原国务院法制办先后两次征求有关部门、地方政府和部分行业协会、企业的意见，并向社会公开征求意见；赴天津、吉林、黑龙江等地调研；多次召开企业座谈会听取意见。在此基础上，原国务院法制办会同原食品药品监管总局、原卫生计生委、原质检总局、原农业部等部门对送审稿作了反复研究、修改，形成了《中华人民共和国食品安全法实施条例（修订草案）》。2018年9月，国务院食品安全委员会召开第一次全体会议。根据会议精神，司法部、市场监管总局会同有关部门和单位对草案作了修改完善。2019年3月26日，国务院常务会议审议通过了草案，2019年10月11日，国务院正式公布《条例》。

问：《条例》的总体思路是什么？

答：《条例》在总体思路上主要把握了以下几点：一是细化并严格落实修订后食品安全法，进一步增强制度的可操作性。二是坚持问题导向，针对修订后食品安全法实施以来食品安全领域依然存在的问题，完善相关制度措施。三是重点细化过程管理、处罚规定等内容，夯实企业责任，加大违法成本，震慑违法行为。

问：《条例》在进一步明确职责、强化食品安全监管方面作了哪些规定？

答：主要有五方面的内容：一是要求县级以上人民政府建立统一权威的食品安全监管体制，加强监管能力建设。二是强调部门依法履职、加强协调配合，规定有关部门在食品安全风险监测和评估、事故处置、监督管理等方面的会商、协作、配合义务。三是丰富监管手段，规定食品安全监管部门在日常属地管理的基础上，可以采取上级部门随机监督检查、组织异地检查等监督检查方式；对可能掺杂掺假的食品，按照现有食品安全标准等无法检验的，国务院食品安全监管部门可以制定补充检验项目和检验方法。四是完善举报奖励制度，明确奖励资金纳入各级人民政府预算，并加大对违法单位内部举报人的奖励。五是建立黑名单，实施联合惩戒，将食品安全信用状况与准入、融资、信贷、征信等相衔接。

问：《条例》在完善食品安全风险监测、食品安全标准等基础性制度方面作了哪些规定？

答：完善食品安全基础制度，有利于提高食品安全工作的科学性、有效性。为此，《条例》从四个方面对食品安全风险监测、标准制定作了完善性规定：一是强化食品安全风险监测结果的运用，规定风险监测结果表明存在食品安全隐患，监管部门经调查确认有必要的，要及时通知食品生产经营者，由其进行自查、依法实施食品召回。二是规范食品安全地方标准的制定，明确对保健食品等特殊食品不得制定地方标准。三是允许食品生产经营者在食品安全标准规定的实施日期之前实施该标准，以方便企业安排生产经营活动。四是明确企业标准的备案范围，规定食品安全指标严于国家标准或者地方标准的企业标准应当备案。

问：《条例》在进一步落实生产经营者的食品安全主体责任方面作了哪些规定？

答：生产经营者是食品安全第一责任人。《条例》从四个方面进一步强调了食品生产经营者的主体责任。一是细化企业主要负责人的责任，规定主要负责人对本企业的食品安全工作全面负责，加强供货者管理、进货查验和出厂检验、生产经营过程控制等工作。二是规范食品的贮存、运输，规定贮存、运输有温度、湿度等特殊要求的食品，应当具备相应的设备设施并保持有效运行，同时规范了委托贮存、运输食品的行为。三是针对实践中存在的虚假宣传和违法发布信息误导消费者等问题，明确禁止利用包括会议、讲座、健康咨询在内的任何方式对食品进行虚假宣传；规定不得发布未经资质认定的检验机构出具的食品检验信息，不得利用上述信息对食品等进行等级评定。四是完善特殊食品管理制度，对特殊食品的出厂检验、销售渠道、广告管理、产品命名等事项作出规范。

问：《条例》对法律责任作了哪些完善？

答：主要作了五方面的规定：一是落实党中央和国务院关于食品安全违法行为追究到人的重要精神，对存在故意违法等严重违法情形单位的法定代表人、主要负责人、直接负责的主管人员和其他直接责任人员处以罚款。二是细化属于情节严重的具体情形，为执法中的法律适用提供明确指引，对情节严重的违法行为从重从严处罚。三是针对《条例》新增的义务性规定，设定严格的法律责任。四是规定食品生产经营者依法实施召回或者采取其他有效措施减轻、消除食品安全风险，未造成危害后果的，可以从轻或者减轻处罚，以此引导食品生产经营者主动、及时采取措施控制风险、减少危害。五是细化食品安全监管部门和公安机关的协作机制，明确行政拘留与其他行政处罚的衔接程序。

问：社会各界对学校的食品安全工作高度关注，请问《条例》对加强学校食品安全监管规定了哪些措施？

答：学校的食品安全关系广大青少年的身体健康，广受社会关注。为细化修订后食品安全法的规定，进一步加强学校食品安全，《条例》规定，学校食堂应当执行原料控制、餐具饮具清洗消毒、食品留样等制度，并定期开展食品安全自查；承包食堂的，应当取得食品经营许可，对食堂的食品安全负责；学校应当督促承包方落实食品安全管理制度，并承担管理责任。

问：保健食品监管是食品安全工作的一项重要内容，请问《条例》在加强保健食品监管方面有哪些新规定？

答：保健食品属于特殊食品，安全风险较高，国家对其实行严于一般食品的监管制度。为进一步加强监管，在修订后食品安全法基础上，《条例》主要补充了以下内容：一是不允许对保健食品等特殊食品制定食品安全地方标准，防止一些食品生产者对本应实行特殊严格管理措施的保健食品等特殊食品以地方特色食品的名义生产，逃避法定义务。二是加强生产环节的把关，规定保健食品生产工艺有原料提取、纯化等前处理工序的，生产企业应当具备相应的原料前处理能力。三是加强对销售环节的监管，规定销售者应当核对保健食品标签、说明书内容是否与经注册或者备案的内容一致，不一致的不得销售；保健食品不得与普通食品或者药品混放销售。

问：目前，食品虚假宣传问题时有发生，侵害了消费者权益，并带来食品安全隐患，请问《条例》对食品虚假宣传行为规定了哪些措施？

答：为进一步治理食品虚假宣传，《条例》在食品安全法基础上补充了以下规定：一是禁止利用包括会议、讲座、健康咨询在内的任何方式对食品进行虚假宣传。二是明确非保健食品不得声称具有保健作用。三是针对实践中一些组织和个人擅自发布未取得我国资质认定的机构出具的食品检验信息欺骗误导消费者的行为，《条例》规定任何单位和个人不得发布未依法取得资质认定的食品检验机构出具的食品检验信息，不得利用上述检验信息对食品、食品生产经营者进行等级评定，欺骗、误导消费者，对违法者最高可以处100万元罚款。

优化营商环境条例

（2019年10月8日国务院第66次常务会议通过
2019年10月22日国务院令第722号公布
自2020年1月1日起施行）

第一章 总 则

第一条 为了持续优化营商环境，不断解放和发展社会生产力，加快建设现代化经济体系，推动高质量发展，制定本条例。

第二条 本条例所称营商环境，是指企业等市场主体在市场经济活动中所涉及的体制机制性因素和条件。

第三条 国家持续深化简政放权、放管结合、优化服务改革，最大限度减少政府对市场资源的直接配置，最大限度减少政府对市场活动的直接干预，加强和规范事中事后监管，着力提升政务服务能力和水平，切实降低制度性交易成本，更大激发市场活力和社会创造力，增强发展动力。

各级人民政府及其部门应当坚持政务公开透明，以公开为常态、不公开为例外，全面推进决策、执行、管理、服务、结果公开。

第四条 优化营商环境应当坚持市场化、法治化、国际化原则，以市场主体需求为导向，以深刻转变政府职能为核心，创新体制机制、强化协同联动、完善法治保障，对标国际先进水平，为各类市场主体投资兴业营造稳定、公平、透明、可预期的良好环境。

第五条 国家加快建立统一开放、竞争有序的现代市场体系，依法促进各类生产要素自由流动，保障各类市场主体公平参与市场竞争。

第六条 国家鼓励、支持、引导非公有制经济发展，激发非公有制经济活力和创造力。

国家进一步扩大对外开放，积极促进外商投资，平等对待内资企业、外商投资企业等各类市场主体。

第七条 各级人民政府应当加强对优化营商环境工作的组织领导，完善优化营商环境的政策措施，建立健全统筹推进、督促落实优化营商环境工作的相关机制，及时协调、解决优化营商环境工作中的重大问题。

县级以上人民政府有关部门应当按照职责分工，做好优化营商环境的相关工作。县级以上地方人民政府根据实际情况，可以明确优化营商环境工作的主管部门。

国家鼓励和支持各地区、各部门结合实际情况，在法治框架内积极探索原创性、差异化的优化营商环境具体措施；对探索中出现失误或者偏差，符合规定条件的，可以予以免责或者减轻责任。

第八条 国家建立和完善以市场主体和社会公众满意度为导向的营商环境评价体系，发挥营商环境评价对优化营商环境的引领和督促作用。

开展营商环境评价，不得影响各地区、各部门正常工作，不得影响市场主体正常生产经营活动或者增加市场主体负担。

任何单位不得利用营商环境评价谋取利益。

第九条 市场主体应当遵守法律法规，恪守社会公德和商业道德，诚实守信、公平竞争，履行安全、质量、劳动者权益保护、消费者权益保护等方面的法定义务，在国际经贸活动中遵循国际通行规则。

第二章 市场主体保护

第十条 国家坚持权利平等、机会平等、规则平等，保障各种所有制经济平等受到法律保护。

第十一条 市场主体依法享有经营自主权。对依法应当由市场主体自主决策的各类事项，任何单位和个人不得干预。

第十二条 国家保障各类市场主体依法平等使用资金、技术、人力资源、土地使用权及其他自然资源等各类生产要素和公共服务资源。

各类市场主体依法平等适用国家支持发展的政策。政府及其有关部门在政府资金安排、土地供应、税费减免、资质许可、标准制定、项目申报、职称评定、人力资源政策等方面，应当依法平等对待各类市场主体，不得制定或者实施歧视性政策措施。

第十三条 招标投标和政府采购应当公开透明、公平公正，依法平等对待各类所有制和不同地区的市场主体，不得以不合理条件或者产品产地来源等进行限制或者排斥。

政府有关部门应当加强招标投标和政府采购监管，依法纠正和查处违法违规行为。

第十四条 国家依法保护市场主体的财产权和其他合法权益，保护企业经营者人身和财产安全。

严禁违反法定权限、条件、程序对市场主体的财产和企业经营者个人财产实施查封、冻结和扣押等行政强制措施；依法确需实施前述行政强制措施的，应当限定在所必需的范围内。

禁止在法律、法规规定之外要求市场主体提供财力、物力或者人力的摊派行为。市场主体有权拒绝任何形式的摊派。

第十五条 国家建立知识产权侵权惩罚性赔偿制度，推动建立知识产权快速协同保护机制，健全知识产权纠纷多元化解决机制和知识产权维权援助机制，加大对知识产权的保护力度。

国家持续深化商标注册、专利申请便利化改革，提高商标注册、专利申请审查效率。

第十六条 国家加大中小投资者权益保护力度，完善中小投资者权益保护机制，保障中小投资者的知情权、参与权，提升中小投资者维护合法权益的便利度。

第十七条 除法律、法规另有规定外，市场主体有权自主决定加入或者退出行业协会商会等社会组织，任何单位和个人不得干预。

除法律、法规另有规定外，任何单位和个人不得强制或者变相强制市场主体参加评比、达标、表彰、培训、考核、考试以及类似活动，不得借前述活动向市场主体收费或者变相收费。

第十八条 国家推动建立全国统一的市场主体维权服务平台，为市场主体提供高效、便捷的维权服务。

第三章 市场环境

第十九条 国家持续深化商事制度改革，统一企业登记业务规范，统一数据标准和平台服务接口，采用统一社会信用代码进行登记管理。

国家推进“证照分离”改革，持续精简涉企经营许可事项，依法采取直接取消审批、审批改为备案、实行告知承诺、优化审批服务等方式，对所有涉企经营许可事项进行分类管理，为企业取得营业执照后开展相关经营活动提供便利。除法律、行政法规规定的特定领域外，涉企经营许可事项不得作为企业登记的前置条件。

政府有关部门应当按照国家有关规定，简化企业从申请设立到具备一般性经营条件所需办理的手续。在国家规定的企业开办时限内，各地区应当确定并公开具体办理时间。

企业申请办理住所等相关变更登记的，有关部门应当依法及时办理，不得限制。除法律、法规、规章另有规定外，企业迁移后其持有的有效许可证件不再重复办理。

第二十条 国家持续放宽市场准入，并实行全国统一的市场准入负面清单制度。市场准入负面清单以外的领域，各类市场主体均可以依法平等进入。

各地区、各部门不得另行制定市场准入性质的负面清单。

第二十一条 政府有关部门应当加大反垄断和反不正当竞争执法力度，有效预防和制止市场经济活动中的垄断行为、不正当竞争行为以及滥用行政权力排除、限制竞争的行为，营造公平竞争的市场环境。

第二十二条 国家建立健全统一开放、竞争有序的人力资源市场体系，打破城乡、地区、行业分割和身份、性别等歧视，促进人力资源有序社会性流动和合理配置。

第二十三条 政府及其有关部门应当完善政策措施、强化创新服务，鼓励和支持市场主体拓展创新空间，持续推进产品、技术、商业模式、管理等创新，充分发挥市场主体在推动科技成果转化中的作用。

第二十四条 政府及其有关部门应当严格落实国家各项减税降费政策，及时研究解决政策落实中的具体问题，确保减税降费政策全面、及时惠及市场主体。

第二十五条 设立政府性基金、涉企行政事业性收费、涉企保证金，应当有法律、行政法规依据或者经国务院批准。对政府性基金、涉企行政事业性收费、涉企保证金以及实行政府定价的经营服务性收费，实行目录清单管理并向社会公开，目录清单之外的前述收费和保证金一律不得执行。推广以金融机构保函替代现金缴纳涉企保证金。

第二十六条 国家鼓励和支持金融机构加大对民营企业、中小企业的支持力度，降低民营企业、中小企业综合融资成本。

金融监督管理部门应当完善对商业银行等金融机构的监管考核和激励机制，鼓励、引导其增加对民营企业、中小企业的信贷投放，并合理增加中长期贷款和信用贷款支持，提高贷款审批效率。

商业银行等金融机构在授信中不得设置不合理条件，不得对民营企业、中小企业设置歧视性要求。商业银行等金融机构应当按照国家有关规定规范收费行为，不得违规向服务对象收取不合理费用。商业银行应当向社会公开开设企业账户的服务标准、资费标准和办理时限。

第二十七条 国家促进多层次资本市场规范健康发展，拓宽市场主体融资渠道，支持符合条件的民营企业、中小企业依法发行股票、债券以及其他融资工具，扩大直接融资规模。

第二十八条 供水、供电、供气、供热等公用企事业单位应当向社会公开服务标准、资费标准等信息，为市场主体提供安全、便捷、稳定和价格合理的服务，不得强迫市场主体接受不合理的服务条件，不得以任何名义收取不合理费用。各地区应当优化报装流程，在国家规定的报装办理时限内确定并公开具体办理时间。

政府有关部门应当加强对公用企事业单位运营的监督管理。

第二十九条 行业协会商会应当依照法律、法规和章程，加强行业自律，及时反映行业诉求，为市场主体提供信息咨询、宣传培训、市场拓展、权益保护、纠纷处理等方面的服务。

国家依法严格规范行业协会商会的收费、评比、认证等行为。

第三十条 国家加强社会信用体系建设，持续推进政务诚信、商务诚信、社会诚信和司法公信建设，提高全社会诚信意识和信用水平，维护信用信息安全，严格保护商业秘密和个人隐私。

第三十一条 地方各级人民政府及其有关部门应当履行向市场主体依法作出的政策承诺以及依法订立的各类合同，不得以行政区划调整、政府换届、机构或者职能调整以及相关责任人更替等为由违约毁约。因国家利益、社会公共利益需要改变政策承诺、合同约定的，应当依照法定权限和程序进行，并依法对市场主体因此受到的损失予以补偿。

第三十二条 国家机关、事业单位不得违约拖欠市场主体的货物、工程、服务等账款，大型企业不得利用优势地位拖欠中小企业账款。

县级以上人民政府及其有关部门应当加大对国家机关、事业单位拖欠市场主体账款的清理力度，并通过加强预算管理、严格责任追究等措施，建立防范和治理国家机关、事业单位拖欠市场主体账款的长效机制。

第三十三条 政府有关部门应当优化市场主体注销办理流程，精简申请材料、压缩办理时间、降低注销成本。对设立后未开展生产经营活动或者无债权债务的市场主体，可以按照简易程序办理注销。对有债权债务的市场主体，在债权债务依法解决后及时办理注销。

县级以上地方人民政府应当根据需要建立企业破产工作协调机制，协调解决企业破产过程中涉及的有关问题。

第四章 政务服务

第三十四条 政府及其有关部门应当进一步增强服务意识，切实转变工作作风，为市场主体提供规范、便利、高效的政务服务。

第三十五条 政府及其有关部门应当推进政务服务标准化，按照减环节、减材料、减时限的要求，编制并向社会公开政务服务事项（包括行政权力事项和公共服务事项，下同）标准化工作流程和办事指南，细化量化政务服务标准，压缩自由裁量权，推进同一事项实行无差别受理、同标准办理。没有法律、法规、规章依据，不得增设政务服务事项的办理条件和环节。

第三十六条 政府及其有关部门办理政务服务事项，应当根据实际情况，推行当场办结、一次办结、限时办结等制度，实现集中办理、就近办理、网上办理、异地可办。需要市场主体补正有关材料、手续的，应当一次性告知需要补正的内容；需要进行现场踏勘、现场核查、技术审查、听证论证的，应当及时安排、限时办结。

法律、法规、规章以及国家有关规定对政务服务事项办理时限有规定的，应当在规定的时限内尽快办结；没有规定的，应当按照合理、高效的原则确定办理时限并按时办结。各地区可以在国家规定的政务服务事项办理时限内进一步压减时间，并应当向社会公开；超过办理时间的，办理单位应当公开说明理由。

地方各级人民政府已设立政务服务大厅的，本行政区域内各类政务服务事项一般应当进驻政务服务大厅统一办理。对政务服务大厅中部门分设的服务窗口，应当创造条件整合为综合窗口，提供一站式服务。

第三十七条 国家加快建设全国一体化在线政务服务平台（以下称一体化在线平台），推动政务服务事项在全国范围内实现“一网通办”。除法律、法规另有规定或者涉及国家秘密等情形外，政务服务事项应当按照国务院确定的步骤，纳入一体化在线平台办理。

国家依托一体化在线平台，推动政务信息系统整合，优化政务流程，促进政务服务跨地区、跨部门、跨层级数据共享和业务协同。政府及其有关部门应当按照国家有关规定，提供数据共享服务，及时将有关政务服务数据上传至一体化在线平台，加强共享数据使用全过程管理，确保共享数据安全。

国家建立电子证照共享服务系统，实现电子证照跨地区、跨部门共享和全国范围内互信互认。各地区、各部门应当加强电子证照的推广应用。

各地区、各部门应当推动政务服务大厅与政务服务平台全面对接融合。市场主体有权自主选择政务服务办理渠道，行政机关不得限定办理渠道。

第三十八条 政府及其有关部门应当通过政府网站、一体化在线平台，集中公布涉及市场主体的法律、法规、规章、行政规范性文件和各类政策措施，并通过多种途径和方式加强宣传解读。

第三十九条 国家严格控制新设行政许可。新设行政许可应当按照行政许可法和国务院的规定严格设定标准，并进行合法性、必要性和合理性审查论证。对通过事中事后监管或者市场机制能够解决以及行政许可法和国务院规定不得设立行政许可的事项，一律不得设立行政许可，严禁以备案、登记、注册、目录、规划、年检、年报、监制、认定、认证、审定以及其他任何形式变相设定或者实施行政许可。

法律、行政法规和国务院决定对相关管理事项已作出规定，但未采取行政许可管理方式的，地方不得就该事项设定行政许可。对相关管理事项尚未制定法律、行政法规的，地方可以依法就该事项设定行政许可。

第四十条 国家实行行政许可清单管理制度，适时调整行政许可清单并向社会公布，清单之外不得违法实施行政许可。

国家大力精简已有行政许可。对已取消的行政许可，行政机关不得继续实施或者变相实施，不得转由行业协会商会或者其他组织实施。

对实行行政许可管理的事项，行政机关应当通过整合实施、下放审批层级等多种方式，优化审批服务，提高审批效率，减轻市场主体负担。符合相关条件和要求的，可以按照有关规定采取告知承诺的方式办理。

第四十一条　县级以上地方人民政府应当深化投资审批制度改革，根据项目性质、投资规模等分类规范投资审批程序，精简审批要件，简化技术审查事项，强化项目决策与用地、规划等建设条件落实的协同，实行与相关审批在线并联办理。

第四十二条　设区的市级以上地方人民政府应当按照国家有关规定，优化工程建设项目（不包括特殊工程和交通、水利、能源等领域的重大工程）审批流程，推行并联审批、多图联审、联合竣工验收等方式，简化审批手续，提高审批效能。

在依法设立的开发区、新区和其他有条件的区域，按照国家有关规定推行区域评估，由设区的市级以上地方人民政府组织对一定区域内压覆重要矿产资源、地质灾害危险性等事项进行统一评估，不再对区域内的市场主体单独提出评估要求。区域评估的费用不得由市场主体承担。

第四十三条　作为办理行政审批条件的中介服务事项（以下称法定行政审批中介服务）应当有法律、法规或者国务院决定依据；没有依据的，不得作为办理行政审批的条件。中介服务机构应当明确办理法定行政审批中介服务的条件、流程、时限、收费标准，并向社会公开。

国家加快推进中介服务机构与行政机关脱钩。行政机关不得为市场主体指定或者变相指定中介服务机构；除法定行政审批中介服务外，不得强制或者变相强制市场主体接受中介服务。行政机关所属事业单位、主管的社会组织及其举办的企业不得开展与本机关所负责行政审批相关的中介服务，法律、行政法规另有规定的除外。

行政机关在行政审批过程中需要委托中介服务机构开展技术性服务的，应当通过竞争性方式选择中介服务机构，并自行承担服务费用，不得转嫁给市场主体承担。

第四十四条　证明事项应当有法律、法规或者国务院决定依据。

设定证明事项，应当坚持确有必要、从严控制的原则。对通过法定证照、法定文书、书面告知承诺、政府部门内部核查和部门间核查、网络核验、合同凭证等能够办理，能够被其他材料涵盖或者替代，以及开具单位无法调查核实的，不得设定证明事项。

政府有关部门应当公布证明事项清单，逐项列明设定依据、索要单位、开具单位、办理指南等。清单之外，政府部门、公用企事业单位和服务机构不得索要证明。各地区、各部门之间应当加强证明的互认共享，避免重复索要证明。

第四十五条 政府及其有关部门应当按照国家促进跨境贸易便利化的有关要求，依法削减进出口环节审批事项，取消不必要的监管要求，优化简化通关流程，提高通关效率，清理规范口岸收费，降低通关成本，推动口岸和国际贸易领域相关业务统一通过国际贸易“单一窗口”办理。

第四十六条 税务机关应当精简办税资料和流程，简并申报缴税次数，公开涉税事项办理时限，压减办税时间，加大推广使用电子发票的力度，逐步实现全程网上办税，持续优化纳税服务。

第四十七条 不动产登记机构应当按照国家有关规定，加强部门协作，实行不动产登记、交易和缴税一窗受理、并行办理，压缩办理时间，降低办理成本。在国家规定的不动产登记时限内，各地区应当确定并公开具体办理时间。

国家推动建立统一的动产和权利担保登记公示系统，逐步实现市场主体在一个平台上办理动产和权利担保登记。纳入统一登记公示系统的动产和权利范围另行规定。

第四十八条 政府及其有关部门应当按照构建亲清新型政商关系的要求，建立畅通有效的政企沟通机制，采取多种方式及时听取市场主体的反映和诉求，了解市场主体生产经营中遇到的困难和问题，并依法帮助其解决。

建立政企沟通机制，应当充分尊重市场主体意愿，增强针对性和有效性，不得干扰市场主体正常生产经营活动，不得增加市场主体负担。

第四十九条 政府及其有关部门应当建立便利、畅通的渠道，受理有关营商环境的投诉和举报。

第五十条 新闻媒体应当及时、准确宣传优化营商环境的措施和成效，为优化营商环境创造良好舆论氛围。

国家鼓励对营商环境进行舆论监督，但禁止捏造虚假信息或者歪曲事实进行不实报道。

第五章 监管执法

第五十一条 政府有关部门应当严格按照法律法规和职责，落实监管责任，明确监管对象和范围、厘清监管事权，依法对市场主体进行监管，实现监管全覆盖。

第五十二条 国家健全公开透明的监管规则和标准体系。国务院有关部门应当分领域制定全国统一、简明易行的监管规则和标准，并向社会公开。

第五十三条 政府及其有关部门应当按照国家关于加快构建以信用为基础的新型监管机制的要求，创新和完善信用监管，强化信用监管的支撑保障，加强信用监管的组织实施，不断提升信用监管效能。

第五十四条 国家推行“双随机、一公开”监管，除直接涉及公共安全和人民群众生命健康等特殊行业、重点领域外，市场监管领域的行政检查应当通过随机抽取检查对象、随机选派执法检查人员、抽查事项及查处结果及时向社会公开的方式进行。针对同一检查对象的多个检查事项，应当尽可能合并或者纳入跨部门联合抽查范围。

对直接涉及公共安全和人民群众生命健康等特殊行业、重点领域，依法依规实行全覆盖的重点监管，并严格规范重点监管的程序；对通过投诉举报、转办交办、数据监测等发现的问题，应当有针对性地进行检查并依法依规处理。

第五十五条 政府及其有关部门应当按照鼓励创新的原则，对新技术、新产业、新业态、新模式等实行包容审慎监管，针对其性质、特点分类制定和实行相应的监管规则和标准，留足发展空间，同时确保质量和安全，不得简单化予以禁止或者不予监管。

第五十六条 政府及其有关部门应当充分运用互联网、大数据等技术手段，依托国家统一建立的在线监管系统，加强监管信息归集共享和关联整合，推行以远程监管、移动监管、预警防控为特征的非现场监管，提升监管的精准化、智能化水平。

第五十七条 国家建立健全跨部门、跨区域行政执法联动响应和协作机制，实现违法线索互联、监管标准互通、处理结果互认。

国家统筹配置行政执法职能和执法资源，在相关领域推行综合行政执法，整合精简执法队伍，减少执法主体和执法层级，提高基层执法能力。

第五十八条 行政执法机关应当按照国家有关规定，全面落实行政执法公示、行政执法全过程记录和重大行政执法决定法制审核制度，实现行政执法信息及时准确公示、行政执法全过程留痕和可回溯管理、重大行政执法决定法制审核全覆盖。

第五十九条 行政执法中应当推广运用说服教育、劝导示范、行政指导等非强制性手段，依法慎重实施行政强制。采用非强制性手段能够达到行政管理目的的，不得实施行政强制；违法行为情节轻微或者社会危害较小的，可以不实施行政强制；确需实施行政强制的，应当尽可能减少对市场主体正常生产经营活动的影响。

开展清理整顿、专项整治等活动，应当严格依法进行，除涉及人民群众生命安全、发生重特大事故或者举办国家重大活动，并报经有权机关批准外，不得在相关区域采取要求相关行业、领域的市场主体普遍停产、停业的措施。

禁止将罚没收入与行政执法机关利益挂钩。

第六十条 国家健全行政执法自由裁量基准制度，合理确定裁量范围、种类和幅度，规范行政执法自由裁量权的行使。

第六章 法治保障

第六十一条 国家根据优化营商环境需要，依照法定权限和程序及时制定或者修改、废止有关法律、法规、规章、行政规范性文件。

优化营商环境的改革措施涉及调整实施现行法律、行政法规等有关规定的，依照法定程序经有权机关授权后，可以先行先试。

第六十二条 制定与市场主体生产经营活动密切相关的行政法规、规章、行政规范性文件，应当按照国务院的规定，充分听取市场主体、行业协会商会的意见。

除依法需要保密外，制定与市场主体生产经营活动密切相关的行政法规、规章、行政规范性文件，应当通过报纸、网络等向社会公开征求意见，并建立健全意见采纳情况反馈机制。向社会公开征求意见的期限一般不少于30日。

第六十三条 制定与市场主体生产经营活动密切相关的行政法规、规章、行政规范性文件，应当按照国务院的规定进行公平竞争审查。

制定涉及市场主体权利义务的行政规范性文件，应当按照国务院的规定进行合法性审核。

市场主体认为地方性法规同行政法规相抵触，或者认为规章同法律、行政法规相抵触的，可以向国务院书面提出审查建议，由有关机关按照规定程序处理。

第六十四条 没有法律、法规或者国务院决定和命令依据的，行政规范性文件不得减损市场主体合法权益或者增加其义务，不得设置市场准入和退出条件，不得干预市场主体正常生产经营活动。

涉及市场主体权利义务的行政规范性文件应当按照法定要求和程序予以公布，未经公布的不得作为行政管理依据。

第六十五条 制定与市场主体生产经营活动密切相关的行政法规、规章、行政规范性文件，应当结合实际，确定是否为市场主体留出必要的适应调整期。

政府及其有关部门应当统筹协调、合理把握规章、行政规范性文件等的出台节奏，全面评估政策效果，避免因政策叠加或者相互不协调对市场主体正常生产经营活动造成不利影响。

第六十六条 国家完善调解、仲裁、行政裁决、行政复议、诉讼等有机衔接、相互协调的多元化纠纷解决机制，为市场主体提供高效、便捷的纠纷解决途径。

第六十七条 国家加强法治宣传教育，落实国家机关普法责任制，提高国家工作人员依法履职能力，引导市场主体合法经营、依法维护自身合法权益，不断增强全社会的法治意识，为营造法治化营商环境提供基础性支撑。

第六十八条 政府及其有关部门应当整合律师、公证、司法鉴定、调解、仲裁等公共法律服务资源，加快推进公共法律服务体系建设，全面提升公共法律服务能力和水平，为优化营商环境提供全方位法律服务。

第六十九条 政府和有关部门及其工作人员有下列情形之一的，依法依规追究责任：

（一）违法干预应当由市场主体自主决策的事项；

（二）制定或者实施政策措施不依法平等对待各类市场主体；

（三）违反法定权限、条件、程序对市场主体的财产和企业经营者个人财产实施查封、冻结和扣押等行政强制措施；

（四）在法律、法规规定之外要求市场主体提供财力、物力或者人力；

（五）没有法律、法规依据，强制或者变相强制市场主体参加评比、达标、表彰、培训、考核、考试以及类似活动，或者借前述活动向市场主体收费或者变相收费；

（六）违法设立或者在目录清单之外执行政府性基金、涉企行政事业性收费、涉企保证金；

（七）不履行向市场主体依法作出的政策承诺以及依法订立的各类合同，或者违约拖欠市场主体的货物、工程、服务等账款；

（八）变相设定或者实施行政许可，继续实施或者变相实施已取消的行政许可，或者转由行业协会商会或者其他组织实施已取消的行政许可；

（九）为市场主体指定或者变相指定中介服务机构，或者违法强制市场主体接受中介服务；

（十）制定与市场主体生产经营活动密切相关的行政法规、规章、行政规范性文件时，不按照规定听取市场主体、行业协会商会的意见；

（十一）其他不履行优化营商环境职责或者损害营商环境的情形。

第七十条 公用企事业单位有下列情形之一的，由有关部门责令改正，依法追究法律责任：

（一）不向社会公开服务标准、资费标准、办理时限等信息；

（二）强迫市场主体接受不合理的服务条件；

（三）向市场主体收取不合理费用。

第七十一条 行业协会商会、中介服务机构有下列情形之一的，由有关部门责令改正，依法追究法律责任：

（一）违法开展收费、评比、认证等行为；

（二）违法干预市场主体加入或者退出行业协会商会等社会组织；

（三）没有法律、法规依据，强制或者变相强制市场主体参加评比、达标、表彰、培训、考核、考试以及类似活动，或者借前述活动向市场主体收费或者变相收费；

（四）不向社会公开办理法定行政审批中介服务的条件、流程、时限、收费标准；

（五）违法强制或者变相强制市场主体接受中介服务。

第七章　附　　则

第七十二条 本条例自2020年1月1日起施行。

司法部、发展改革委负责人就《优化营商环境条例》有关问题答记者问

2019年10月22日，国务院总理李克强签署国务院令公布《优化营商环境条例》（以下简称《条例》），自2020年1月1日起施行。

问：近年来，党中央、国务院围绕优化营商环境，制定出台了一系列政策文件，为什么还要制定这个《条例》？

答：营商环境是企业等市场主体在市场经济活动中所涉及的体制机制性因素和条件，其优劣直接影响市场主体的兴衰、生产要素的聚散、发展动力的强弱。经济社会发展的动力，源于市场主体的活力和社会创造力，很大程度上取决于营商环境。党中央、国务院高度重视优化营商环境工作。近年来，各地区、各部门按照党中央、国务院部署，顺应社会期盼，持续推进“放管服”等改革，我国营商环境明显改善，在世界银行等国际组织发布的营商环境报告中排名大幅提升。与此同时，我国营商环境还存在不少突出问题和短板，与国际先进水平相比仍有较大差距，必须在深化“放管服”改革上有更大突破、在优化营商环境上有更大进展，使市场主体活力和社会创造力持续迸发，为经济社会发展提供强劲动力。在总结实践经验的基础上制定专门行政法规，从制度层面提供更为有力的保障和支撑，是进一步优化营商环境的重要举措。为了持续优化营商环境，不断解放和发展社会生产力，加快建设现代化经济体系，推动高质量发展，国务院制定了《条例》。

问：《条例》出台对优化营商环境有何重大意义？

答：据了解，目前其他国家没有制定专门的优化营商环境立法，有的国家制定了一些有关优化营商环境的规划安排、实施计划等文件。因此，制定《条例》是我国的一项创举，是一项开创性工作。出台《条例》最重要最核心

的意义，就是把近年来各地区、各部门在优化营商环境方面大量行之有效的政策、经验、做法上升到法规制度，使其进一步系统化、规范化，增强权威性、时效性和法律约束力，从制度层面为优化营商环境提供更加有力的保障和支撑。《条例》对优化营商环境的作用，不仅仅体现在条文本身，还在于《条例》必将进一步增强各级政府以及社会各方面对优化营商环境的意识，在全社会营造优化营商环境的浓厚氛围，稳定预期、提振信心，这种作用更具有基础性和持久性。

问：优化营商环境涉及面很广、因素非常多，《条例》制定的总体思路是什么？

答：《条例》制定坚持以习近平新时代中国特色社会主义思想为指导，深入贯彻落实党中央、国务院关于优化营商环境的决策部署，在总体思路上主要把握了以下四个方面：一是认真总结近年来我国优化营商环境的经验和做法，将其中实践证明行之有效、人民群众满意、市场主体支持的改革举措用法规制度固化下来。二是找准立法切入点，重点针对我国营商环境的突出短板和市场主体反映强烈的痛点难点堵点问题，从完善体制机制的层面作出相应规定，避免面面俱到。三是对标国际先进水平，对世界银行营商环境评价的主要指标都力求有所回应，为相关领域优化营商环境提供目标指引。四是把握好《条例》作为优化营商环境基础性行政法规的定位，重在确立优化营商环境的基本制度规范，明确方向性要求，以概括性、统领性规定为主，不规定流程性内容，不创设具体行业、领域的管理制度。同时，优化营商环境是持续深入的过程，需要不断改革创新，《条例》为各地区、各部门探索创新优化营商环境的具体措施留出了充分空间。

问：《条例》对加强市场主体平等保护、营造良好市场环境作了哪些规定？

答：加强市场主体平等保护，是社会高度关注的问题之一。《条例》明确，国家坚持权利平等、机会平等、规则平等，保障各种所有制经济平等受到法律保护，着力加强对各类市场主体的平等保护，落实市场主体公平待遇。一是强调平等对待各类市场主体。明确国家依法保护各类市场主体在使用要素、享受支持政策、参与招标投标和政府采购等方面的平等待遇，为各类市场主体平等参与市场竞争强化法律支撑。二是强调为市场主体提供全方位的保护。依法保护市场主体经营自主权、财产权和其他合法权益，保护企业经营者人身和财产安全。加大对市场主体知识产权的保护力度，建立知识产权侵权惩罚性赔偿制度。三是强调为市场主体维权提供保障。推动建立全国统一的市场主体维权服务平台，为市场主体提供高效、便捷的维权服务。

在营造良好市场环境方面，《条例》围绕破解市场主体生产经营活动中的痛点难点堵点问题，着力净化市场环境，更好地激发市场主体更多活力、提高竞争力。一是聚焦破除市场准入和市场退出障碍。明确了通过深化商事制度改革、推进证照分离改革、压缩企业开办时间、持续放宽市场准入等措施，为市场主体进入市场和开展经营活动破除障碍。要求进一步优化市场主体注销办理流程，精简申请材料、压缩办理时间、降低注销成本，推动解决市场主体“退出难”问题。二是聚焦落实减税降费政策。明确各地区、各部门应当严格落实国家各项减税降费政策，保障减税降费政策全面、及时惠及市场主体，并对设立涉企收费作出严格限制，切实降低市场主体经营成本。三是聚焦解决“融资难、融资贵”问题。明确鼓励和支持金融机构加大对民营企业和中小企业的支持力度、降低民营企业和中小企业综合融资成本，不得对民营企业和中小企业设置歧视性要求。

这些制度设计，再一次向全社会发出一个清晰的信号，国家对于全面有效保护市场主体合法权利、营造良好市场环境的决心是坚定不移的，有助于进一步稳定市场主体预期，提振市场主体信心，让企业家安心经营、放心投资、专心创业。

问：目前，市场主体反映政务服务整体效能不够强，办事难、办事慢、办事繁的问题还不同程度存在。《条例》对提升政务服务水平提出了哪些明确要求？

答：近年来，随着“放管服”改革持续深化，政务服务水平明显提升。为进一步巩固和深化改革成果，《条例》围绕打造公平、公开、透明、高效的政府运行体系，着力提升政务服务能力和水平，提供惠企便民的高效服务。一是推进政务服务标准化。明确政府及其有关部门应当落实减环节、减材料、减时限要求，编制并向社会公开政务服务事项标准化工作流程和办事指南，推动同一事项无差别受理、同标准办理。二是推进马上办、网上办、就近办、一次办。明确政府及其有关部门应当推行当场办结、一次办结、限时办结的服务模式，实现集中办理、就近办理、网上办理、异地可办，并对全国一体化在线政务服务平台建设、政务信息整合共享、电子证照推广应用作了具体规定，使

"一网、一门、一次"改革要求成为有法律约束力的制度规则。三是推进行政审批制度改革。明确国家严格控制新设行政许可并大力精简已有行政许可，通过整合实施、下放审批层级等多种方式，优化审批服务，提高审批效率。四是推进重点领域服务便利化。对标国际一流标准，推广国内最佳实践，对提升办理建筑许可、跨境贸易、纳税、不动产登记等与市场主体生产经营活动密切相关的重点领域政务服务便利化程度提出具体要求，为相关领域深化改革提供了目标指引。

这些制度设计，坚持以人民为中心谋划改革，推动创新服务方式、提高服务效能，提供公平可及、优质高效的政务服务，切实为企业发展和群众办事增便利。

问：公平公正的监管执法对优化营商环境至关重要，《条例》对规范和创新监管执法作了哪些规定？

答：良好的营商环境应当保障公平竞争，加强市场监管，维护市场秩序。《条例》明确规范和创新监管执法，为促进公平公正监管、更好实现公平竞争提供基本遵循。一是推动健全执法机制。建立健全跨部门跨区域行政执法联动和响应机制，在相关领域推行综合行政执法，减少执法主体和执法层级，推动解决困扰市场主体的行政执法检查过多过频问题，实现从监管部门"单打独斗"转变为综合监管，做到"一次检查、全面体检"。二是推动创新监管方式。明确除直接涉及公共安全和群众生命健康等特殊行业、重点领域外，都要实行"双随机、一公开"监管，推行"互联网+监管"，对新兴产业实行包容审慎监管。三是推动规范执法行为。明确行政执法应当依法慎重实施行政强制，减少对市场主体正常生产经营活动的影响，不得随意采取要求市场主体普遍停产、停业的措施，避免执法"一刀切"。要求行政执法应当规范行使自由裁量权，合理确定裁量范围、种类和幅度。

这些制度设计，要求政府积极主动作为，维护公平竞争市场秩序，鼓励和支持创新，成为市场公平竞争的维护者和市场主体合法权益的保障者。

问：法治是最好的营商环境，《条例》对加强营商环境建设的法治保障作了哪些规定？

答：法治在优化营商环境方面具有固根本、稳预期、利长远的作用。《条例》围绕推进法治政府建设，重点针对法规政策制定透明度不足，新出台法规政策缺少缓冲期，企业对政策环境缺乏稳定预期等突出问题作了明确规定，着力提高政策透明度和稳定性，强化营商环境的法治保障。一是增强法规政策制定的透明度。明确制定与市场主体生产经营活动密切相关的法规政策，应当充分听取市场主体、行业协会商会的意见；除依法需要保密外，应当向社会公开征求意见并反馈意见采纳情况。二是增强法规政策实施的科学性。明确新出台法规政策应当结合实际为市场主体留出必要的适应调整期，并加强统筹协调、合理把握出台节奏、全面评估政策效果，避免因政策叠加或相互不协调对市场主体正常生产经营活动造成不利影响。三是加大涉企法规政策的宣传解读力度。明确政府及其有关部门应当集中公布涉及市场主体的各类法规政策，并通过多种途径和方式加强宣传解读。

这些制度设计，将有力提升法规政策制定的公开透明度和科学性、民主性，增强市场主体对法规政策变化的反应和调整能力。

问：对《条例》的贯彻实施工作有哪些考虑？

答：制度的生命力在于执行。发展改革委将会同各地区、各有关部门认真落实党中央、国务院决策部署，加强协调配合，切实抓好《条例》的贯彻执行。一是做好学习宣传和普法工作。加强宣传解读，指导各级政府部门加强《条例》的学习，全面掌握法规要求，不断提高依法履职能力。广泛开展普法宣传，引导市场主体和社会公众知法用法，营造人人参与营商环境建设的良好氛围。二是加快配套制度的“立改废释”。根据《条例》的规定及时制定相关配套法规文件，对现行法规文件进行必要修改完善，确保相关法规文件与《条例》保持一致。对《条例》中提出的改革要求和任务，抓紧制定具体细化落实方案，切实推动《条例》各项规定落地见效。三是持续优化营商环境。以《条例》出台为新的起点，坚持市场化、法治化、国际化原则，深化“放管服”改革，进一步放宽市场准入，加强公正监管，优化政务服务，创新体制机制、强化协同联动、完善法治保障，对标国际先进水平，为各类市场主体投资兴业营造稳定、公平、透明、可预期的良好环境。

[司法解释、司法指导性文件与解读]

最高人民法院

关于为河北雄安新区规划建设提供司法服务和保障的意见

2019年9月26日　　法发〔2019〕22号

为深入贯彻习近平新时代中国特色社会主义思想和党的十九大精神，认真落实以习近平同志为核心的党中央关于设立河北雄安新区、深入推进京津冀协同发展的重大决策部署，充分发挥人民法院职能作用，服务和保障河北雄安新区全面深化改革和扩大开放，制定如下意见。

一、切实提高政治站位，增强为雄安新区规划建设提供司法服务和保障的责任感、使命感

1. 深刻认识雄安新区规划建设的重大意义，明确服务和保障雄安新区规划建设是新时代人民法院的光荣使命和神圣职责。设立雄安新区是以习近平同志为核心的党中央作出的一项重大历史性战略选择，是千年大计、国家大事，对推进京津冀协同发展、建设以首都为核心的世界级城市群具有重大而深远的意义。各级人民法院要深入学习贯彻习近平新时代中国特色社会主义思想，增强“四个意识”、坚定“四个自信”、做到“两个维护”，认真贯彻落实新发展理念，切实增强工作的自觉性和主动性，依法公正高效审理相关案件，深入推进司法体制改革，全面深化智慧法院建设，为把雄安新区建设成为高水平的社会主义现代化城市和新时代高质量发展的全国样板提供有力司法服务和保障。

2. 准确把握雄安新区规划建设的发展目标，找准提供司法服务和保障的切入点、着力点。当前，雄安新区已从编制规划为主转向实质性建设阶段，各级人民法院要深入把握这一工作实际，为全面推进雄安新区规划建设提供更加科学精准有力的司法服务和保障。要牢牢把握积极稳妥有序疏解北京非首都功能的要求，加强与党政机关沟通协调，坚持法治思维，坚持问题导向，聚焦创新发展、城市建设、公共服务等重点领域和关键环节存在的司法问题，加强调查研究，制定司法政策，创新工作机制，充分满足雄安新区创新发展的司法需求，全方位提升司法服务和保障雄安新区规划建设的能力和水平。

二、充分发挥职能作用，为雄安新区规划建设提供有力司法服务和保障

3. 加强刑事审判，为雄安新区建设提供安全稳定的社会环境。依法严惩影响雄安新区规划建设的各类刑事犯罪，严惩干扰北京非首都功能疏解、重点工程项目建设等犯罪案件，积极服务雄安新区产业优化布局。依法严惩非法吸收公众存款、集资诈骗、金融诈骗等涉众型经济犯罪，维护市场秩序和社会秩序。加大对各类危害安全生产犯罪的惩治力度，推动安全生产责任制的落实，确保人民生命财产安全。加强对污染环境、盗伐林木、非法采矿等涉环境资源刑事案件的审判，强化环境资源司法保护。依法严惩征收拆迁、企业转制过程中侵吞、挪用、骗取国家或集体财产的犯罪。依法严惩黑恶势力犯罪，重点打击征地拆迁、工程建设等领域的涉黑涉恶犯罪，严惩相关职务犯罪，坚决打掉黑恶势力保护伞，切实维护雄安新区社会稳定和人民安宁。

4. 加强民商事审判，服务和保障经济高质量发展。妥善审理涉及非首都功能疏解的合同纠纷、物权纠纷、公司纠纷、担保纠纷、破产纠纷、劳动争议等案件，积极服务京津冀协同发展。加强产权司法保护，严格规范涉案财产处置，依法慎用强制措施，为营造产权有效激励、要素自由流动、竞争公平有序、企业优胜劣汰的发展环境提供有力司法服务和保障。依法妥善审理涉信贷、投资、招投标领域的隐性壁垒案件，平等保护民营企业合法权益，为雄安新区中小微企业发展营造良好法治环境。坚持围绕有效实现北京非首都功能疏解人口转移的目标，加强涉教育、医疗、文化、社会保障和就业创业等民生领域案件审理，积极服务保障和改善民生。加强房地产相关领域案件审判，服务

构建新型住房供给体系，积极运用司法手段支持有关部门严控周边房价、防范炒地炒房投机行为，为完善土地出让、租赁、租让结合、混合空间出让、作价出资入股等多元化土地利用和供应模式提供司法支持。

5. 加强行政审判，支持和监督行政机关依法行政。依法服务和保障雄安新区行政机关创新管理模式，深入推进“放管服”改革，支持雄安新区行政机关依法履职。加强土地开发利用、城市规划设计、基础设施建设、城市管理等领域行政案件审判，强化司法审判对规划利用国土空间资源的服务保障作用。妥善审理征迁安置相关行政案件，健全完善程序规范、补偿合理、保障多元的土地征收工作机制。对行政机关向雄安新区下放工程建设、市场准入、社会管理等方面的审批和行政许可事项引发的行政诉讼，加强审判监督指导，有效推动行政管理体制机制创新。建立行政非诉执行案件绿色通道，依法及时审查非诉执行申请，确保重大建设工程项目及时推进。

6. 加强知识产权审判，服务创新驱动发展。加强对雄安新区法院知识产权案件审判的指导，支持雄安新区构建公正高效的知识产权司法保护机制。指导推进知识产权民事、行政和刑事审判“三合一”工作深入开展，推动雄安新区知识产权审判体系实现专门化、现代化和科学化。支持雄安新区知识产权保护中心建设，扩大雄安新区在知识产权保护方面对周边地区的辐射带动作用，推动雄安新区知识产权司法保护水平不断提升。支持雄安新区知识产权审判人才培养，推动建立雄安新区与各地法院之间的人才委托培养和锻炼交流机制，着力培养一支顾全大局、精通法律、了解技术并具有国际视野的知识产权法官队伍，更好服务雄安新区创新驱动发展。

7. 加强金融审判，有效防范化解重大金融风险。依法妥善审理涉及雄安新区建设融资、地方政府债券发行、民间借贷等金融案件，妥善审理雄安新区企业发行上市、并购重组、股权转让、债券发行、资产证券化过程中产生的矛盾纠纷案件。加强对涉及金融资产交易平台、股权众筹融资等创新业务案件的司法研究。支持雄安新区管委会、仲裁机构、商事和行业调解组织创新发展，加强矛盾纠纷源头治理，完善诉调对接，注重从源头上防范和化解金融领域重大风险。加强金融审判专业化建设，建立专门的金融审判庭。

8. 加强涉农审判，推动乡村振兴战略在雄安新区实施。积极贯彻土地管理制度改革政策和新修改的土地管理法，推动雄安新区土地制度改革，增强土地管理灵活性，服务改革政策落实落地。依法妥善审理农村集体产权制度改革中涉及的农民转让土地承包权、宅基地资格权、以集体资产股权入股企业或经济组织纠纷案件。加大对损害农民合法利益违法犯罪案件惩治力度，维护被征地农民合法权益。发挥人民法庭在雄安新区社会治理中的作用，促进完善自治、法治、德治相结合的基层社会治理体系。

9. 加强环境资源审判，推动建设绿色发展城市典范。推动环境资源司法体制机制创新，建立雄安新区及周边区域、白洋淀流域环境资源案件集中管辖制度。依法妥善审理自然资源权属争议纠纷，为推动建立健全权责明确的自然资源资产产权体系、实施自然资源统一确权登记提供司法服务和保障。完善市场化生态环境司法保护机制，深入研究用能权、用水权、排污权、碳排放交易权的法律属性及交易规则，为构建市场导向的绿色技术创新体系，建立符合雄安新区功能定位和发展实际的资源环境价格机制、多样化生态补偿制度和淀区生态搬迁补偿机制提供司法支持。

10. 加强涉外商事审判，构筑开放发展新高地。完善涉外贸易司法规则，支持引入国际国内各类资本参与雄安新区建设，充分保护投资者合法权益。加强对发展贸易新业态新模式、开展服务贸易创新发展试点、设立跨境电商综合试验区相关案件的审判。完善涉互联网金融案件审理，服务建设面向全球的数字化贸易平台。加强涉外金融案件审理，支持在雄安新区设立外商独资或中外合资金融机构，建立与国际投资贸易通行规则相衔接的司法规则体系，构建公平竞争制度。支持在雄安新区设立国际性仲裁、认证、鉴定权威机构，探索建立商事纠纷多元解决机制。

11. 加强执行工作，推动构建执行协作联动机制。推动建立党委领导、政法委协调、人大监督、政府支持、法院主办、部门联动、社会参与的综合治理执行难工作大格局，构建雄安新区执行工作部门协作联动机制。加大对涉重点工程、重点项目案件的执行力度，优先立案、优先执行，保障胜诉当事人及时实现权益。支持完善雄安新区社会信用体系和商务诚信体系，探索建立覆盖所有机构和个人的诚信账户，实行信用风险分类监管，建立完善覆盖范围广泛的守信联合激励和失信联合惩戒机制，实现对被执行人名单信息的自动对比、自动监督、自动惩戒，推动完善一处失信、处处受限的信用监督、警示和惩戒体系。

三、坚持改革创新，建立健全与京津冀协同发展相适应的司法工作体制机制

12. 深化司法体制综合配套改革，加强雄安法院建设。最高人民法院加强对雄安新区法院司法体制改革的指导，坚持顶层设计与地方探索相结合原则，积极探索推动司法领域新机制新措施和具有前瞻性的司法创新试点示范项目在雄安新区先行先试。支持新区法院结合雄安新区规划建设需求，积极探索与行政体制改革相适应的司法体制改革。支持新区法院按照优化协同高效原则，统筹推进内设机构改革和审判执行组织建设，调整优化新区法院政法专项编制布局结构，建立常态化和机动性相结合的法官遴选机制。探索适合雄安新区两级法院发展需求的择优招录制度，对新区法院的法官遴选和法官等级确认、晋升给予适当的政策倾斜。支持雄安新区法院全面建设一站式多元解纷机制、一站式诉讼服务中心，构建集约高效、多元解纷、便民利民、智慧精准、开放互动、交融共享的现代化诉讼服务体系，推动纠纷解决和诉讼服务理念革新、机制变革，切实提高人民法院化解矛盾纠纷和服务人民群众的能力水平。

13. 全面深化智慧法院建设，提升司法服务保障的信息化水平。支持雄安新区法院积极适应雄安新区规划建设和人民群众司法需求，在全面深化智慧法院建设上主动作为、先行一步，适度超前布局智能基础设施，加快提升信息基础设施配置水平、法院专网性能和网络安全防御能力，推动大数据、人工智能、5G 等科技创新成果同司法工作深度融合，促进审判体系和审判能力现代化，使司法服务保障能力与雄安新区创建数字智能之城要求相匹配。支持雄安新区法院充分利用新区信息化应用的先发优势，提升电子诉讼的覆盖范围、适用比例和应用水平，加强执行信息化建设和应用。建立健全电子卷宗随案同步生成和深度应用机制，全面推进审判智能化应用。提高诉讼服务信息查询、信访接待处置、立案快速处理、在线调解等工作的信息化应用水平，促进增强人民群众的获得感。

14. 推进法律统一适用机制建设，建立完善案件裁判标准统一机制。完善案件沟通机制，加强京津冀区域内共性、前沿性法律问题和类型化案件裁判规则的研究总结提炼，对具有普适性、已达成共识的问题，及时通报区域内各级法院。探索建立覆盖刑事、民事等各业务领域的类型化案件审判指引，建立业

务研讨交流长效机制，积极开展专题业务研讨和课题调研，促进法律适用的统一。

15. 深化区域司法交流合作，强化京津冀法院全方位协调配合。健全京津冀法院联席会议机制，加强统筹协调和督促检查，强化对新区发展重大司法事项、司法需求、司法政策和重大疑难法律适用问题的研判和支持，推动立审执各环节平台共建、信息互通、资源共享、业务协同，实现诉讼事项跨区域远程办理、跨层级联动办理，切实解决好异地诉讼难等问题。京津冀法院要按照职责分工，形成工作合力，推出与雄安新区发展相配套相适应的司法政策措施，更好发挥人民法院职能作用，服务和保障雄安新区规划建设。

16. 加强对雄安新区法院建设和发展的支持。加强对雄安新区法院审判业务指导和物质保障，建立健全新区法院与京津冀、长三角、珠三角等地法院在人才培养、智力支持和信息化建设等方面的合作机制。鼓励京津冀法院选派相关领域的业务专家到雄安新区法院挂职锻炼，实现人员资源互通互融，为新区法院更好履职提供保障。支持雄安新区法院构建更加开放的人才培养、引进和交流机制，积极探索改革人才培养和储备机制，着力培育具备国际视野、通晓国际规则、精通外语的高层次审判人才。支持雄安新区法院加强国际司法交流与合作，将雄安新区法院建设成为与雄安新区国际化定位相适应、具有国际影响力的一流法院。

各级人民法院要切实把思想和行动统一到党中央关于设立雄安新区、深入推进京津冀协同发展的重大决策部署上来，认真落实本意见要求，明确目标任务，狠抓工作落实，紧紧围绕“努力让人民群众在每一个司法案件中感受到公平正义”工作目标，坚持服务大局、司法为民、公正司法，忠实履行宪法和法律赋予的职责，努力营造稳定公平透明、可预期的法治化营商环境，为雄安新区规划建设提供更加有力的司法服务和保障。

最高人民法院研究室负责人就《最高人民法院为河北雄安新区规划建设提供司法服务和保障的意见》答记者问

为深入推进京津冀协同发展和雄安新区规划建设，2019 年 9 月 26 日，最高人民法院发布了《最高人民法院为河北雄安新区规划建设提供司法服务和保障的意见》（以下简称《意见》）。

问：请介绍一下《意见》起草的背景和意义

答：2017 年 4 月 1 日，中共中央、国务院印发通知，决定设立河北雄安新区。通知要求各地区各部门要认真落实习近平总书记重要指示，按照党中央、国务院决策部署，统一思想、提高认识，切实增强“四个意识”，共同推进河北雄安新区规划建设发展各项工作，用最先进的理念和国际一流的水准进行城市设计，建设标杆工程，打造城市建设的典范。设立雄安新区是以习近平同志为核心的党中央作出的一项重大历史性战略选择，是千年大计、国家大事，对推进京津冀协同发展、建设以首都为核心的世界级城市群具有重大而深远的意义。今年 8 月 26 日，习近平总书记主持召开中央财经委员会第五次会议，对推动形成优势互补高质量发展的区域经济布局等发表重要讲话，为人民法院服务保障区域协调发展、推动高质量发展指明了方向，提供了根本遵循。

近年来，最高人民法院党组深入学习贯彻习近平总书记关于京津冀协同发展和雄安新区规划建设的一系列重要讲话精神，提高政治站位，强化责任担当，积极谋划推进。最高人民法院发布一批司法政策性文件和司法解释，建立京津冀法院联席会议制度，组织召开三届届京津冀司法论坛和一届京津冀法院联席会议，组织京津冀法院开展理论研究，评选服务保障京津冀协同发展典型案例，最高法院各部办对口加强工作指导，全力支持雄安新区法院建设。

京津冀各级法院紧紧围绕《京津冀协同发展规划纲要》等文件和最高人民法院关于为京津冀协同发展提供司法服务和保障的意见，立足审判职能，深入调查研究，在联席会议机制统筹协调下，积极推进司法协同发展，有效服务和保障京津冀协同发展和雄安新区规划建设。

为深入推进雄安新区规划建设，切实增强人民法院服务保障京津冀协同发展、长江经济带发展、粤港澳大湾区建设、长三角区域一体化建设等国家重大发展战略的能力和水平，根据院党组部署和周强院长指示，研究室在深入调研并广泛征求意见的基础上，起草了《最高人民法院为河北雄安新区规划建设提供司法服务和保障的意见》。

问:《意见》的起草过程、指导思想和基本原则

答: 经过深入调研，今年上半年研究室起草了《意见》初稿，向我院各单位及京津冀三地高院征求意见，6 月 5 日又在第三届京津冀司法论坛上印发与会者广泛征求意见，根据各方反馈意见对意见稿进行了修改完善。8 月 16 日，周强院长主持召开最高人民法院党组会议讨论并原则通过《意见》稿，会后研究室根据党组会议讨论意见、相关业务庭室意见再次修改，经过院领导批准，现发布《意见》。

《意见》贯彻和体现了《京津冀协同发展规划纲要》《河北雄安新区规划纲要》《中共中央国务院关于支持河北雄安新区全面深化改革和扩大开放的指导意见》等文件精神，要求全国法院要深入贯彻落实习近平新时代中国特色社会主义思想和党的十九大精神，深入贯彻习近平总书记关于雄安新区规划建设的重要论述和指示精神，切实提高政治站位，认真贯彻落实新发展理念，切实增强工作的自觉性和主动性，充分发挥司法职能，依法公正高效审理相关案件，深化司法体制改革，加强智慧法院建设，为把雄安新区建设成为高水平的社会主义现代化城市和新时代高质量发展的全国样板提供有力的司法服务和保障。

《意见》紧紧围绕雄安新区规划建设的发展目标，要求各级法院切实找准为雄安新区规划建设提供司法服务和保障的切入点、着力点。要牢牢把握积极稳妥有序疏解北京非首都功能的要求，坚持法治思维和问题导向，聚焦创新发展、城市建设、公共服务等重点领域和关键环节存在的司法问题，加强调查研究，制定司法政策、创新工作机制，充分满足雄安新区创新发展的司法需求，全方位提升司法服务和保障雄安新区规划建设的能力和水平。

问：能否介绍一下《意见》的主要内容？

答：一是强调要充分发挥司法职能，为雄安新区构建高质量高水平的社会主义现代化城市营造良好法治环境。如依法严厉打击影响雄安新区规划建设的各类刑事犯罪，为雄安新区建设提供稳定的社会环境。妥善审理涉及非首都功能疏解的征地拆迁、房屋征收、合同、劳动争议、企业破产等案件，服务雄安新区高质量发展。围绕雄安新区产业发展重点，加强知识产权司法保护，打造知识产权示范区，服务创新驱动发展。加强对涉及雄安新区建设融资、地方政府债券发行等金融案件审判，有效防范化解重大金融风险。根据雄安新区近期远期发展规划，统筹制定城乡融合发展司法保障机制和政策体系。实行最严格生态环境保护制度，推动雄安新区建设绿色发展城市典范。坚持全方位对外开放，加强涉外商事审判，构筑雄安新区开放发展新高地。构建雄安新区执行联动协作机制，确保重大建设工程及时顺利推进等。

二是要求创新司法体制机制，加快完善京津冀司法协同发展，服务和保障雄安新区规划建设。主要是依法推进司法体制综合配套改革，探索推动司法领域新机制新举措和具有前瞻性的司法创新试点示范项目在雄安新区先行先试。加强智慧法院建设，支持雄安新区法院适度超前布局职能基础设施，超前提升信息基础设施配置水平、法院专网性能和网络安全防御能力，推动现代科技与法院工作深度融合，使雄安新区法院的司法服务保障能力与雄安新区创建数字智能之城的要求相匹配。深化京津冀区域司法交流合作，加强京津冀法院联席会议的统筹协调和指导作用，推动京津冀法院立审执各环节平台共建、信息互通、资源共享、业务协同等。《意见》要求加强对雄安新区法院建设和发展的支持，加强对雄安新区法院审判业务指导和物质保障，建立健全雄安新区法院与京津冀、长三角、珠三角等地法院在人才培养、智力支持和信息化建设等方面的合作机制。支持雄安新区法院加强国际司法交流与合作，努力打造与雄安新区国际化定位相适应的新型法院等。

2018 年全国海事审判典型案例

（最高人民法院 2019 年 9 月 11 日公布）

三井住友海上火灾保险株式会社（Mitsui Sumitomo Insurance Company Limited）诉中远海运集装箱运输有限公司国际多式联运合同纠纷案

【基本案情】

2015 年 3 月，案外人 SONY EMCS（MALAYSIA）SDN BHD 公司（以下简称索尼公司）委托中远海运集装箱运输有限公司（以下简称中远海运公司）运输一批液晶显示面板先经海运自马来西亚巴生港至希腊比雷埃夫斯港，再经铁路至斯洛伐克尼特拉。中远海运公司签发了 4 套不可转让已装船清洁联运海运单。货物在位于希腊境内的铁路运输区段因火车脱轨而遭受货损。三井住友海上火灾保险株式会社（以下简称三井保险公司）作为涉案货物保险人，在对索尼公司进行理赔取得代位求偿权后，向中远海运公司提出追偿。中远海运公司抗辩称，火车脱轨的原因是事故时段当地持续暴雨，引起地质塌陷，承运人可以免责；即使不能免责，其可依法享受承运人单位赔偿责任限制。

【裁判结果】

上海海事法院一审认为，三井保险公司注册成立于日本、运输目的地为斯洛伐克，事故发生地位于希腊，案件争议属于涉外民事法律关系下的纠纷，当事人可以选择解决纠纷适用的法律。庭审中，双方当事人达成一致，对于涉案货物铁路运输区段的责任认定、责任承担方式等选择适用希腊法律，其余争议问题选择适用中华人民共和国法律，法院对此选择予以尊重。

希腊是《国际铁路运输公约》（Convention concerning International Carriage by Rail）的成员国，《国际铁路货物运输合同统一规则》（Uniform Rules Concerning the Contract of International Carriage of Goods by Rail）是《国际铁路运输公约》的附件B。希腊在批准加入该公约时未作任何保留声明，公约在希腊优先于其国内法适用。根据《国际铁路运输公约》第23.2条，若货物的灭失、损坏或迟延交付是由于承运人无法避免并且无法阻止其发生的原因所造成的，承运人无须承担赔偿责任。本案事故发生前虽有持续降雨，但比较事故地区历史降水数据，事故月份降水量仅处于历史中等偏上水平，并未出现明显异常。然而，本次列车脱轨并非遭受雨水直接冲击所致，而是事故区域常年频繁降雨浸蚀土壤后产生的地质作用引起地层塌陷的结果，是一个由量变到质变的过程，具体何时发生非人力所能预见和控制。铁路养护是否得当或可延缓此种地质变化的进程，但并无证据表明可以准确预计、控制和绝对避免。因此，中远海运公司可以援引《国际铁路运输公约》第23.2条的规定，对货损不负赔偿责任。三井保险公司不服一审判决，向上海市高级人民法院提起上诉。二审期间，三井保险公司撤回上诉。

【典型意义】

本案是一起含海运在内的国际多式联运合同纠纷。海运始于马来西亚，中途经希腊转铁路，目的地为斯洛伐克，是一条典型的通过“21世纪海上丝绸之路”，经由地中海转铁路将货物运送至中欧内陆国家的海铁联运。随着“一带一路”国家和地区间贸易往来的日益密切，国际贸易对多式联运的需求也呈现快速增长趋势。在跨越多国、涉及多种运输方式的国际多式联运合同纠纷中，对“网状责任制”与确定运输区段准据法之间的关系，存在认识不统一的情况。本案中法院坚持意思自治原则，充分尊重当事人的选择，铁路运输区段适用希腊法律，其余争议问题适用中华人民共和国法律，并根据希腊法下的法律渊源适用《国际铁路运输公约》《国际铁路货物运输合同统一规则》相关规定。此外，“一带一路”沿线国家和地区的自然气候状况、地理水文条件差别很大，基础设施的建设和养护水平也参差不齐，货运事故的发生又往往出现多种因素相互交织、并存的复杂局面，本案在评判风险责任承担时，较好地运用了原因力分析的方法，论证充分，说理透彻，为类似纠纷的处理提供了借鉴思路。

【一审案号】（2016）沪72民初288号

【二审案号】（2018）沪民终140号

中国银行股份有限公司日照岚山支行与天津西南海运有限公司等海上货物运输合同纠纷案

【基本案情】

中国银行股份有限公司日照岚山支行（以下简称岚山中行）根据授信长期为日照广信化工科技有限公司（以下简称广信公司）购买生产原料开立信用证，本案涉及岚山中行开立的3份90天远期不可撤销信用证，受益人均为发货人Marubeni Corporation（以下简称丸红公司）。鹰社海运公司代表承运人天津西南海运有限公司（以下简称西南公司）向丸红公司签发3套指示提单，均记载托运人为丸红公司，装货港韩国蔚山，卸货港中国连云港，货物品名聚合级丙烯，船名“HONG YU”轮。涉案货物于2017年3月27日运抵连云港，西南公司根据丸红公司出具的保函将货物存入广信公司指定的岸罐并由广信公司提取。岚山中行根据信用证贸易单证流程于4月14日取得涉案三套提单，三个月后因广信公司无力全额付款赎单，岚山中行垫付2033796.85美元。岚山中行后收回488086.33美元。为维护自身合法权益，岚山中行申请法院诉前扣押“HONG YU”轮，并依据所持有的涉案提单向西南公司主张无单放货，要求赔偿信用证项下实际垫付的款项及利息。西南公司抗辩称岚山中行明知依惯例广信公司必须无单提货，融资银行并非通常意义上的提单持有人，其所遭受的损失与无单放货行为之间无因果关系，西南公司不应承担赔偿责任。

【裁判结果】

宁波海事法院一审认为，岚山中行享有且未放弃海商法第七十一条规定的提单持有人权利，可以根据提单法律关系向承运人索赔，扣除岚山中行已收回的488086.33美元款项后，判决西南公司赔偿岚山中行经济损失1545710.52美元。西南公司不服一审判决，提起上诉。

浙江省高级人民法院二审认为，《最高人民法院关于审理无正本提单交付货物案件适用法律若干问题的规定》第二条并未将跟单信用证的开证行、具有商业利益的合作方等其他经合法流转持有正本提单的主体排除在外，岚山中行主张的垫付款项的实际损失金额未超出提单项下货物装船时的价值以及法律规定的无单放货的赔偿范围，判决驳回上诉，维持原判。

【典型意义】

本案是一起涉及信用证贸易融资因素的海上货物运输合同纠纷，具有三个方面的典型意义：一是从文义、目的解释角度对涉及提单持有人定义、承运人无单放货赔偿责任的法律、司法解释规定进行解读，确认信用证开证行可以享有正本提单人的法律地位和索赔权利。二是在认定无单放货导致损失上有所创新。海商法第五十五条仅规定了货物灭失赔偿额的上限和一般计算方法，银行在该规定限额以下主张实际垫付款损失，符合损失填补原则。三是对规范海上货物运输秩序具有积极意义。随着银行为企业提供贸易融资服务方式的变化，银行通过对提单的占有来维护自身的合法权益，符合商业需要，承运人对无单放货仍然应当承担赔偿责任。

【一审案号】（2017）浙72民初1601号

【二审案号】（2018）浙民终624号

曲某某诉中国大地财产保险股份有限公司威海中心支公司、中国大地财产保险股份有限公司石岛支公司海上保险合同纠纷案

【基本案情】

2011年5月25日，曲某某与中国大地财产保险股份有限公司石岛支公司（以下简称大地保险石岛支公司）就“鲁荣渔1813”“鲁荣渔1814”船订立两份保险合同。两份合同均约定险别为《中国大地财产保险股份有限责任格式远洋渔船保险条款》综合险，渔船保险价值428.57万元，保险金额300万元。涉案保险条款第二条（责任范围）载明：该保险分全损险和综合险，其中综合险承保以下3项原因造成被保险渔船的全部或部分损失以及该3项原因所引

起的救助费用等6项责任和费用：1. 暴风雨、台风、雷电、流冰、地震、海啸、洪水、火山爆发、搁浅、触礁、沉没、碰撞、失火、锅炉或其他设备爆炸、油管破裂等自然灾害和意外事故；2. 船壳和机器的潜在缺陷；3. 船长、大副、船员、引水员或修船人员的疏忽。涉案保险条款第三条（除外责任）载明：保险人对所列8项损失、费用和责任不负责赔偿，其中第1项、第2项分别为：由于被保险渔船不具备适航条件所造成的损失；由于船东及其代表的疏忽，船东及其代表和船长的故意行为造成的损失。大地保险石岛支公司未提供证据证明其在订立保险合同时向曲某某明确说明保险条款中除外责任条款和保险单上的特别约定。两艘渔船于2011年6月1日后在山东省荣成市烟墩角北港渔码头进行维修保养。2011年6月25日，曲某某为避台风同部分船员试图单靠“鲁荣渔1814”船动力将两船（“鲁荣渔1813”主机已吊出船舱维修）驾驶至南码头，后在途中因舵机失灵，在台风大浪作用下，两船搁浅导致报废。

【裁判结果】

青岛海事法院一审认为，涉案船舶在避台风过程中全损，该原因属于保险合同约定的保险赔偿范围，判决大地保险石岛支公司给付曲某某保险赔偿款600万元及利息；中国大地财产保险股份有限公司威海中心支公司（以下简称大地保险威海支公司）对赔偿款承担补充给付责任。曲某某、大地保险威海支公司、大地保险石岛支公司均不服一审判决，提出上诉。

山东省高级人民法院二审认为，本案所涉事故，先有船舶所有人的疏忽，后有台风的影响，缺乏任何一个原因，事故均不会发生，直接、有效、起决定作用的原因难以确定，故大地保险威海支公司、大地保险石岛支公司应按照50%的比例，向曲某某支付保险金。二审判决大地保险石岛支公司给付曲某某保险赔偿款300万元及利息，大地保险威海支公司承担补充给付责任。曲某某不服二审判决，向最高人民法院申请再审。

最高人民法院再审认为，涉案事故系由台风、船东的疏忽、船长和船员的疏忽三个原因共同造成，其中台风是主要原因。涉案保险条款已明确约定船东疏忽不属其列明的承保范围。由于保险人未根据保险法第十七条第二款规定就免除保险人责任条款向曲某某明确说明，案涉除外责任条款不生效。案涉船舶在港内移泊不属于海商法第二百四十四条第一款第一项规定的“船舶开航”，大地保险石岛支公司根据该条规定主张免除保险赔偿责任缺乏事实依据。在造成涉案事故的三个原因中，台风与船长船员的疏忽属于承保风险，而船东的疏忽为非承保风险。在保险事故系由承保风险和非承保风险共同作用而发生的情况下，根据各项风险（原因）对事故发生的影响程度，法院酌定大地保险石岛支公司对涉案事故承担75%的保险赔偿责任。最高人民法院再审判决大地保险石岛支公司给付曲某某保险赔偿款450万元及其利息，大地保险威海支公司承担补充给付责任。

【典型意义】

本案是一起典型的船舶保险合同纠纷案。该案再审判决在审理思路与实体规则适用方面均发挥了指导作用，主要体现在以下几个方面：一是保险赔偿责任的认定涉及的基本问题包括合同总体上的效力、事故原因、保险承保范围、除外责任、因果关系构成等，该案再审判决明确了有关基本问题的论证层次。二是关于多因一果的损害赔偿的处理，我国法律并没有规定保险赔偿的“近因原则”，从《最高人民法院关于适用〈中华人民共和国保险法〉若干问题的解释（三）》第二十五条规定人身保险中按相应比例确定赔付的原则看，我国保险司法实践正在倾向采纳国际上逐步发展的比例因果关系理论，该案再审判决遵循了这一司法动向。三是该案再审判决明确了海商法第二百四十四条中“开航”的含义。

【一审案号】（2016）青海法商初字第240号

【二审案号】（2016）鲁民终1542号

【再审案号】（2017）最高法民再413号

中燃航运（大连）有限责任公司申请设立海事赔偿责任限制基金案

【基本案情】

2017年3月9日，中燃航运（大连）有限责任公司（以下简称中燃公司）所有的中国籍“中燃39”轮与朝鲜籍“昆山”轮（M. V KUM SAN）在中国连云港海域发生碰撞造成损失。“中燃39”轮为沿海运输船舶，总吨2548吨，中燃公司就船舶碰撞引起的可以限制赔偿责任的非人身伤亡海事赔偿请求，向大连海事法院申请设立海事赔偿责任限制基金，基金数额按照《关于不满300总吨及沿海运输、沿海作业船舶海事赔偿责任限额的规定》（以下简称《责任限额规定》），为254508特别提款权所换算的人民币数额及其利息。“昆山”轮所有人朝鲜金山船务公司没有向法院申请设立海事赔偿责任限制基金，其与“昆山”轮所载货物的收货人大连欧亚贸易有限公司就设立基金提出异议，认为应当按照海商法第二百一十条的规定确定基金数额。

【裁判结果】

大连海事法院认为，“中燃39”轮总吨2548吨，从事中国港口之间的运输，依照海商法第二百一十条第二款关于“总吨位不满300吨的船舶，从事中华人民共和国港口之间的运输的船舶，以及从事沿海作业的船舶，其赔偿限额由国务院交通主管部门制定，报国务院批准后施行”的规定，“中燃39”轮的赔偿限额应适用《责任限额规定》。但根据该规定第五条，同一事故中当事船舶的海事赔偿限额，有适用海商法第二百一十条或者本规定第三条规定的，其他当事船舶的海事赔偿限额应当同样适用。与“中燃39”轮发生碰撞的“昆山”轮所有人虽然没有向法院申请设立海事赔偿责任限制基金，但该轮总吨5852吨，从事国际运输，其海事赔偿限额应当适用海商法第二百一十条的规定，故“中燃39”轮作为同一事故的其他当事船舶，海事赔偿限额也应当同样适用海商法第二百一十条的规定。综上，法院裁定准许中燃公司设立海事赔偿责任限制基金，基金数额为非人身伤亡赔偿限额509016特别提款权所换算的人民币数额及其利息。一审裁定现已生效。

【典型意义】

依照国务院批准施行的《责任限额规定》，不满300总吨及沿海运输、沿海作业船舶的海事赔偿限额，为从事国际运输及作业船舶海事赔偿限额的50%，但也存在例外情形，即同一事故中的当事船舶应适用同一海事赔偿限额的规定，且以较高的限额规定为准。中燃公司主张，只有在同一事故中的当事船舶权利人均主张享受海事赔偿责任限制或均申请设立海事赔偿责任限制基金时，才能适用上述“同一事故中的当事船舶适用同一规定”的规则。由于“昆山”轮所有人没有向法院申请设立海事赔偿责任限制基金，故本案不适用上述规则。法院认为，同一事故中当事船舶的海事赔偿限额有应当适用海商法第二百一十条规定情形的，其他当事船舶的海事赔偿限额也同样适用海商法第二百一十条的规定，而不考虑权利人是否实际申请设立海事赔偿责任限制基金。法院正确解读“同一事故中当事船舶适用同一规定”的规则，平等保护了中外当事人的合法权益，充分体现了中国法院公正审理涉外海事案件的态度。

【案号】（2017）辽72民特104号

韩某某申请设立海事赔偿责任限制基金案

【基本案情】

“湘张家界货3003”轮所有人为韩某某，总吨2071吨，该轮持有长江中下游及其支流省际普通货船运输许可证、内河船舶适航证书，准予航行A级航区，作自卸砂船用。2016年5月9日，“湘张家界货3003”轮在闽江口D9浮返航进港途中，与“恩基1”轮发生碰撞，造成“恩基1”轮及船载货物受损。韩某某向法院申请设立海事赔偿责任限制基金。

【裁判结果】

厦门海事法院一审认为，韩某某系“湘张家界货3003”轮的登记所有人，该轮虽为内河船舶，但根据其提供的《内河船舶适航证书》，该轮航行区域为长江中下游及其支流省际内河航线，而且发生涉案事故时，正航行于闽江口，属于国务院批准施行的《关于不满300总吨及沿海运输、沿海作业船舶海事赔偿责任限额的规定》（以下简称《责任限额规定》）第四条规定的“300总吨以上从事中华人民共和国港口之间货物运输或者沿海作业的船舶”。一审裁定准许韩某某提出的设立海事赔偿责任限制基金的申请。相关利害关系人不服一审裁定，提起上诉。

福建省高级人民法院二审认为，涉案船舶“湘张家界货3003”轮虽为内河船舶，但其在沿海海域从事航行作业属于《责任限额规定》第四条所规定的从事沿海作业的船舶，依法可以申请设立海事赔偿责任限制基金。二审裁定驳回上诉，维持一审裁定。相关利害关系人不服二审裁定，提起再审。

最高人民法院再审认为，“湘张家界货3003”轮持有长江中下游及其支流省际普通货船运输许可证、内河船舶适航证书，准予航行A级航区，为内河船舶。涉案船舶碰撞事故发生在福建闽江口，并非“湘张家界货3003”轮准予航行的航区。“湘张家界货3003”轮的船舶性质及准予航行航区不因该船实际航行区域而改变。“湘张家界货3003”轮作为内河船舶，不属于《责任限额规定》适用的船舶范围。再审撤销一、二审裁定，驳回韩某某设立海事赔偿责任限制基金的申请。

【典型意义】

海商法第三条规定的船舶仅限于海船，关于内河船舶在海上航行是否适用海事赔偿责任限制制度，司法实践中存在争议。国务院批准施行的《责任限额规定》源于海商法第二百一十条的授权，其规定的“从事中华人民共和国港口之间货物运输或者沿海作业的船舶”仍应限定为海船。受利益驱动，近年来内河船舶非法从事海上运输的问题非常突出，严重威胁着人员、财产和环境的安全。最高人民法院在该案中进一步明确，内河船舶性质及准予航行航区不因该船实际航行区域而改变，对于规范航运秩序、统一类似案件裁判尺度具有积极意义。

【一审案号】（2016）闽72民特90号

【二审案号】（2016）闽民终1587号

【再审案号】（2018）最高法民再453号

中国人民财产保险股份有限公司上海市分公司诉江苏华隆海运有限公司、宋某某通海水域货物运输合同纠纷案

【基本案情】

2017年5月27日，广州市海大饲料有限公司（以下简称海大公司）向案外人订购东北产玉米，拟运到湖南省进行销售。同年7月26日，海大公司委托江苏华隆海运有限公司（以下简称华隆公司）负责将案涉玉米由靖江码头

分别运往湖南长沙、岳阳和汨罗。7月28日，华隆公司与宋某某所属“远东98”轮代表宋某（宋某某的女儿）约定由该轮将货物从靖江运至岳阳。8月3日，华隆公司与宋某共同签名签发相关货票（运单），载明托运人和收货人均为海大公司。该货票注明：本运单经承托双方签认后，具有合同效力，承运人与托运人、收货人之间的权利、义务关系和责任界限均按《水路货物运输规则》（以下简称《货规》）及运杂费用的有关规定办理。货物在起运港装船后准备盖帆布时突降暴雨，导致船头和货舱两侧玉米发霉。中国人民财产保险股份有限公司上海市分公司（以下简称人保上海分公司）作为货物保险人向海大公司赔付后取得代位追偿权，要求华隆公司与宋某某承担连带责任。

【裁判结果】

武汉海事法院一审认为，运单是托运人与承运人形成运输合同关系的表现形式。本案运单载明的托运人为海大公司，承运船舶为宋某某所属和经营的“远东98”轮，华隆公司与宋某某均在运单上盖章或者代表人签名。涉案运单上注明了关于托运人、承运人的权利、义务适用《货规》的相关规定，故《货规》的相关内容可视为华隆公司、宋某某与海大公司之间的运输合同关系的权利义务条款。华隆公司是合同承运人。宋某某答辩时对承担涉案货物运输事实并无异议，故宋某某实际承担了涉案货物运输义务，是本案实际承运人。一审判决华隆公司与宋某某对人保上海分公司承担连带赔偿责任。当事人不服一审判决提起上诉，湖北省高级人民法院维持一审判决。

【典型意义】

人民法院为减少当事人讼累，参照原交通部制定的《货规》，判决承运人与实际承运人承担连带责任，是我国海事司法实践长期形成的裁判规则。2016年交通运输部宣布废止《货规》后，能否继续适用实际承运人制度，承运人与实际承运人是否承担连带责任，存在较大争议，导致司法裁判尺度不统一。本案中法院根据各方当事人约定，适用《货规》中承运人与实际承运人连带责任制度，有利于维护当事人的合法权益，有利于保持法律适用的稳定性，对于弥补现行法律漏洞具有积极意义。

【一审案号】（2018）鄂72民初1177号

【二审案号】（2018）鄂民终1376号

江门市浩银贸易有限公司与联泰物流（Union Logistics，Inc）海上货物运输合同纠纷案

【基本案情】

2014年9月至10月间，江门市浩银贸易有限公司（以下简称浩银公司）向阿多恩时装有限公司（以下简称阿多恩公司）出售一批女裤。按照阿多恩公司的指示，浩银公司委托联泰物流（Union Logistics，Inc）将涉案货物自广东省深圳市盐田港运至美国加利福尼亚长滩港。联泰物流安排运输后，授权其代理人广州升扬国际货运代理有限公司（以下简称升扬公司）向浩银公司签发了全套正本提单，载明托运人为浩银公司，承运人为联泰物流。2014年12月26日，涉案货物装船起运。2015年1月16日，涉案货物由联泰物流在目的港美国长滩交付于阿多恩公司。而浩银公司仍持有全套正本提单。2015年10月21日，浩银公司以升扬公司为被告提起诉讼，广州海事法院审理后认为，升扬公司为联泰物流的签单代理人，并非涉案运输承运人，遂判决驳回浩银公司的诉讼请求。2016年2月24日，浩银公司以联泰物流为被告提起诉讼，请求联泰物流赔偿其遭受的货物损失及利息。经公约送达，联泰物流到庭应诉，对无正本提单交付货物事实予以确认，但辩称浩银公司对其的起诉已超过海商法规定的一年诉讼时效，且本案不存在诉讼时效中止、中断的法定情形，请求法院依法驳回浩银公司诉讼请求。

【裁判结果】

广州海事法院认为，本案诉讼时效中断应适用海商法第二百六十七条的规定。该条规定“提起诉讼”可中断诉讼时效，但并未明确规定“提起诉讼”涵盖的具体情形，应适用其他法律、法规或司法解释的规定进行界定。根据《最高人民法院关于审理民事案件适用诉讼时效制度若干问题的规定》第十三条以及《最高人民法院关于贯彻执行〈中华人民共和国民法通则〉若干问题的意见（试行）》第173条第2款“权利人向债务保证人、债务人的代理人或者财产代管人主张权利的，可以认定诉讼时效中断”的规定，浩银公司于2015年10月21日以升扬公司为被告提起诉讼的行为可以认定为与提起诉讼具

有同等诉讼时效中断效力的事项，该行为应被视为海商法第二百六十七条第一款规定的“提起诉讼”，即本案诉讼时效期间于2015年10月21日构成中断并重新开始计算。浩银公司于2016年2月24日提起诉讼，并未超过法定诉讼时效期间。联泰物流作为承运人，无正本提单交付货物，违反承运人法定义务，构成违约。该违约行为致使浩银公司丧失货物控制权，无法收回货款，联泰物流应赔偿损失。一审判决后，双方当事人均未上诉。

【典型意义】

我国海商法作为民法的特别法，规定了有别于一般民事法律的特殊诉讼时效制度。在涉及海商法调整的权利义务关系时，应优先适用海商法的相关规定。在海商法没有明确规定时，应适用民法通则等一般民事法律规定。海商法第二百六十七条第一款虽然规定了请求人提起诉讼方能中断诉讼时效，但该法并未明确规定“提起诉讼”的具体情形，此时应适用民法通则等法律及相关司法解释予以界定。此案对于处理海商法与一般民事法律诉讼时效制度的关系具有参考价值。

【案号】（2016）粤72民初311号

陈某某与中国人民财产保险股份有限公司高淳支公司等通海水域保险合同纠纷案

【基本案情】

自2014年起，陈某某为其所有的“宁高鹏3368”轮连续四年向中国人民财产保险股份有限公司高淳支公司（以下简称人保高淳支公司）投保沿海内河船舶一切险，中国人民财产保险股份有限公司南京分公司（以下简称人保南京分公司）根据陈某某的投保签发保险单，收取保险费并开具保险费发票。其中2015年的保险单载明被保险人为陈某某，投保险别为沿海内河船舶一切险。保险条件及特别约定部分第九条载明：附加船东对船员责任险，投保三人，每人保额10万，并列明了三名船员的姓名和公民身份证号码。第十条载明：除以上特别约定外，其他条件严格按照《中国人民财产保险股份有限公司沿海内河船舶保险条款（2009版）》执行。该保险条款第三条第一款规定，由于船舶不适航、不适拖（包括船舶技术状态、配员、装载等，拖船的拖带行为引起的被拖船舶的损失、责任和费用，非拖轮的拖带行为所引起的一切损失、责任和费用）所造成的损失、责任及费用，保险人不负责赔偿。2016 年 3 月 13 日，“宁高鹏 3368”轮在运输过程中，触碰位于长江中的中海油岳阳油库码头，造成趸船及钢引桥移位。事发时在船船员三人，均无适任证书。岳阳海事局认定该轮当班驾驶员未持有《内河船舶船员适任证书》，违规驾驶船舶，操作不当是造成事故的直接原因，该轮对上述事故负全部责任。陈某某就事故损失向人保高淳支公司提出保险理赔。人保南京分公司认为，船员操作不当是导致发生触碰的直接原因，且船员没有适任证书、船舶未达最低配员，船舶不适航属于除外责任，故有权拒绝赔偿。陈某某遂起诉人保南京分公司、人保高淳支公司及中国人民财产保险股份有限公司。

【裁判结果】

天津海事法院一审认为，在航运实践中，船员取得适任证书是预防船舶驾驶操作不当、确保船舶安全的重要举措。根据海事行政部门的认定，船员操作不当是造成事故的直接原因。当班船员未持有《内河船舶船员适任证书》违规驾驶船舶是诱使该行为最主要的实质上的原因，故应认定当班驾驶员未持有《内河船舶船员适任证书》违规驾驶船舶对事故发生具有直接的因果关系，涉案船舶未配备适任船员，构成船舶不适航。根据《中国人民财产保险股份有限公司沿海内河船舶保险条款（2009 版）》第三条第一款，因船舶不适航造成的损失，保险人不负赔偿责任。故一审法院判决驳回陈某某的诉讼请求。当事人不服一审判决提起上诉，天津市高级人民法院维持一审判决。

【典型意义】

长期以来，很多从事内河货物运输的企业、个人为降低经营成本，雇佣不持有适任证书的船员或不按最低配员标准配备船员，给内河航行安全造成了严重隐患，损害了内河航运经济健康有序的发展。2016 年，最高人民法院出台《关于为长江经济带发展提供司法服务和保障的意见》，提出要引导各类市场主体展开有序良性竞争，指引港口、航运、造船企业切实增强安全意识、质量意识，为平安黄金水道建设提供有力司法支撑。在该案审理中，人民法院依法认定涉案船舶未配备持有适任证书的船员属于船舶不适航，在船舶不适航与保险事故有因果关系的情况下，依照保险条款免除保险人的赔偿责任。该案对于强化内河航行安全意识，促进内河航运经济高质量发展具有积极意义。

【一审案号】（2018）津72民初53号

【二审案号】（2018）津民终392号

中国平安财产保险股份有限公司上海分公司与中国太平洋财产保险股份有限公司镇江中心支公司等案外人执行异议之诉案

【基本案情】

中国平安财产保险股份有限公司上海分公司（以下简称平安上海分公司）为无船承运业务经营人上海旺嘉国际货运代理有限公司（以下简称旺嘉公司）签发限额为80万元的无船承运保证金责任保险单，保险条款约定："在保险期间或保险合同载明的追溯期内，被保险人在从事无船承运业务经营过程中，由于不履行承运人义务或者履行义务不当造成委托人的损失，经司法机关判决或司法机关裁定执行的仲裁机构裁决应由被保险人承担经济赔偿责任，并在保险期间内要求协助执行的，保险人负责赔偿。"旺嘉公司在保险期间内经营无船承运业务过程中发生货损，中国太平洋财产保险股份有限公司镇江中心支公司（以下简称太平洋镇江支公司）在向托运人赔付货物损失后，向旺嘉公司等提出索赔。上海海事法院于保险期间内作出一审判决。太平洋镇江支公司不服一审判决，提起上诉。上海市高级人民法院作出终审判决，判令旺嘉公司赔偿货物损失130余万元，但此时已经超出保险期间。在该案执行过程中，人民法院向平安上海分公司发出执行通知，要求将旺嘉公司的无船承运业务经营者保证金责任限额80万元划至法院账户。平安上海分公司提出执行异议，并在异议被驳回后提起执行异议之诉，认为该案终审判决作出的时间及当事人申请执行的时间均已经超出了保险期间，根据保险条款的约定其不应进行赔偿，故诉请确认其无须协助法院执行和支付保险赔款。

【裁判结果】

上海海事法院一审认为，涉案保险合同条款系平安上海分公司为了重复使用而预先拟定的合同条款，属于格式条款。平安上海分公司与旺嘉公司通过磋商订立合同，除遵循意思自治原则外，还应遵循公平原则确定双方的权利和义务。涉案合同条款中限制索赔权利人的内容，由于合同订立之时索赔权利人尚为潜在不特定对象，不具备磋商条件，应对相关条款的合理性提出更高要求，并要求合同订立人以诚实守信的原则拟定合同条款。涉案保险条款要求索赔权利人必须在保险期间内取得生效裁判并申请执行，系采取不合理方式免除保险人主要责任、加重索赔权利人责任、排除索赔权利人主要权利，违背了诚实信用原则，应为无效。据此判决驳回平安上海分公司的诉讼请求。平安上海分公司不服一审判决，提起上诉。

上海市高级人民法院二审认为，保险事故、保险责任的索赔和认定通常涉及多起相互关联的诉讼，前一个诉讼先确定被保险人是否承担责任，后一个诉讼才就该责任确定保险公司应否偿付保险金，多个诉讼前后相继。涉案格式条款规定保险赔付要同时满足多项索赔条件，即“司法机关判决 + 保险期内 + 通过司法程序要求协助执行”。上述情况都致使投保人、被保险人等发生保险事故后保险索赔难度明显加重，一定程度上排除了投保人、被保险人等依法享有的权利，一审法院对该条款的效力认定并无不妥，据此判决驳回上诉，维持原判。

【典型意义】

本案为依法确认无船承运业务经营者保证金责任保险格式条款无效的案例。无船承运业务经营者保证金责任保险制度，是无船承运业务经营保证金的一种替代形式，以保险的形式替代保证金，既减轻了无船承运业务经营者的现金压力，也可起到与保证金类似的效果。当前市场上很多无船承运业务经营者保证金责任保险采用类似格式条款，在保险责任条款中规定了索赔期间，要求索赔权利人必须在保险期间内起诉被保险人，且在保险期间内取得生效裁判文书并申请执行。类似条款为保险理赔设定了明显不合理的条件，实质上免除保险人的主要责任、加重索赔权利人的责任、排除索赔权利人的主要权利。该条款与合同目的明显背离，弱化了无船承运业务经营者责任保险的应有功能。本案判决认定涉案保险条款无效，既在个案中维护索赔权利人的合法权益，也发挥了司法裁判对社会行为的引导功能，对促进无船承运业务规范管理以及无船承运业务经营者保证金责任保险产品的健康有序发展均具有积极意义。

【一审案号】（2017）沪72民初2203号

【二审案号】（2018）沪民终81号

申请执行人福安市海洋与渔业局与被执行人陈忠义等海事行政非诉执行案

【基本案情】

福建宁德三都湾湿地是福建海湾型滨海湿地的典型代表，被列入《中国湿地保护行动计划》的“中国重要湿地名录”。宁德环三都澳湿地水禽红树林自然保护区是三都湾国家重要湿地的核心部分。陈某某、方某某、黄某某等多人未经海洋行政主管机关批准，擅自占用湿地海域实施围海养殖工程建设，严重侵害自然保护区，导致局部海洋生态系统遭受破坏，被中央环境保护督察组督察反馈列为整改对象。福安市海洋与渔业局于2016年8月31日作出行政处罚决定书，责令陈某某等退还非法占用的海域，恢复海域原状，并处以罚款。陈某某等在法定期限内未申请行政复议和提起行政诉讼。经福安市海洋与渔业局催告后，陈某某等仍拒不履行义务，该局向厦门海事法院申请执行行政处罚决定。

【裁判结果】

厦门海事法院认为，福安市海洋与渔业局是依法行使海域使用监督管理职能的行政机关，作出的行政处罚决定书主要证据确凿、认定事实清楚、适用法律正确、行政程序合法，裁定准予强制执行。随后，厦门海事法院启动非诉案件的“裁执分离”机制，确定由福安市海洋与渔业局负责具体组织实施退还海域、恢复原状，同时协调福安市人民政府组织多部门参与联合执法，并参照强制迁退不动产的执行程序，指导制定了《强制退海行动工作预案》《风险防控方案》等执行方案，明确实施强制执行的流程步骤和事前公告、第三人在场见证、执行笔录制作、执法活动视频记录、现场物品（养殖物）造册、保存、移交等工作规范和工作要点。2018年7月31日至8月3日，在法院监督下，相关行政部门组织1100余人、挖掘机12台，通过四昼夜强制执行，拆除了违建的养殖管理房，在围海长堤上开挖豁口4个、拆除闸门7座、清除淤泥数万方，引入海水令 352.287 亩被占海域恢复自然状态。以此案为示范和带动，最终将不符合生态自然保护区规划的 170 公顷养殖设施全部清退，实现了滩涂内外水源的有效交换，还原湿地。经定期生态监测，退养还湿后保护区自然生态环境进一步优化，生态物种进一步丰富，生态效益初步显现。

【典型意义】

非法占海、围海、填海是近年来我国近海海洋生态遭受破坏的重要原因，也是海洋污染防治攻坚战中的“痛点”和“顽症”。对责令退还非法占用海域、恢复海域原状的强制执行，由于涉及海域面积广，责任主体人数众多，构筑物拆除、土方清运工程量浩大，往往难以有效实施。人民法院从强化司法审查、严格执行程序和规范执行行为入手，统筹司法和行政资源，缜密组织实施“裁执分离”，协调各方力量强力推进执行攻坚，拆塘清淤、退养还湿，还海洋以宁静、和谐、美丽，取得良好的生态效果。本案的圆满执结，为落实习近平生态文明思想中“用最严格制度、最严密法治保护生态环境”的要求，破解涉海洋生态司法“执行难”问题提供了可借鉴、可复制、可推广的样本。同时，通过监督支持海洋行政机关依法行政，健全完善环境司法与行政执法有效衔接机制，指引海事行政机关规范行政执法，提升海洋环境保护法治化水平。

【案号】（2018）闽 72 行审 6 号

[部门规章、规章性文件与解读]

国家市场监督管理总局
规范商标申请注册行为若干规定

（2019 年 10 月 11 日国家市场监督管理总局令第 17 号公布）

第一条 为了规范商标申请注册行为，规制恶意商标申请，维护商标注册管理秩序，保护社会公共利益，根据《中华人民共和国商标法》（以下简称商标法）和《中华人民共和国商标法实施条例》（以下简称商标法实施条例），制定本规定。

第二条 申请商标注册，应当遵守法律、行政法规和部门规章的规定，具有取得商标专用权的实际需要。

第三条 申请商标注册应当遵循诚实信用原则。不得有下列行为：

（一）属于商标法第四条规定的不以使用为目的恶意申请商标注册的；

（二）属于商标法第十三条规定，复制、摹仿或者翻译他人驰名商标的；

（三）属于商标法第十五条规定，代理人、代表人未经授权申请注册被代理人或者被代表人商标的；基于合同、业务往来关系或者其他关系明知他人在先使用的商标存在而申请注册该商标的；

（四）属于商标法第三十二条规定，损害他人现有的在先权利或者以不正当手段抢先注册他人已经使用并有一定影响的商标的；

（五）以欺骗或者其他不正当手段申请商标注册的；

（六）其他违反诚实信用原则，违背公序良俗，或者有其他不良影响的。

第四条 商标代理机构应当遵循诚实信用原则。知道或者应当知道委托人申请商标注册属于下列情形之一的，不得接受其委托：

（一）属于商标法第四条规定的不以使用为目的恶意申请商标注册的；

（二）属于商标法第十五条规定的；

（三）属于商标法第三十二条规定的。

商标代理机构除对其代理服务申请商标注册外，不得申请注册其他商标，不得以不正当手段扰乱商标代理市场秩序。

第五条 对申请注册的商标，商标注册部门发现属于违反商标法第四条规定的不以使用为目的的恶意商标注册申请，应当依法驳回，不予公告。

具体审查规程由商标注册部门根据商标法和商标法实施条例另行制定。

第六条 对初步审定公告的商标，在公告期内，因违反本规定的理由被提出异议的，商标注册部门经审查认为异议理由成立，应当依法作出不予注册决定。

对申请驳回复审和不予注册复审的商标，商标注册部门经审理认为属于违反本规定情形的，应当依法作出驳回或者不予注册的决定。

第七条 对已注册的商标，因违反本规定的理由，在法定期限内被提出宣告注册商标无效申请的，商标注册部门经审理认为宣告无效理由成立，应当依法作出宣告注册商标无效的裁定。

对已注册的商标，商标注册部门发现属于违反本规定情形的，应当依据商标法第四十四条规定，宣告该注册商标无效。

第八条 商标注册部门在判断商标注册申请是否属于违反商标法第四条规定时，可以综合考虑以下因素：

（一）申请人或者与其存在关联关系的自然人、法人、其他组织申请注册商标数量、指定使用的类别、商标交易情况等；

（二）申请人所在行业、经营状况等；

（三）申请人被已生效的行政决定或者裁定、司法判决认定曾从事商标恶意注册行为、侵犯他人注册商标专用权行为的情况；

（四）申请注册的商标与他人有一定知名度的商标相同或者近似的情况；

（五）申请注册的商标与知名人物姓名、企业字号、企业名称简称或者其他商业标识等相同或者近似的情况；

（六）商标注册部门认为应当考虑的其他因素。

第九条 商标转让情况不影响商标注册部门对违反本规定第三条情形的认定。

第十条 注册商标没有正当理由连续三年不使用的，任何单位或者个人可以向商标注册部门申请撤销该注册商标。商标注册部门受理后应当通知商标注册人，限其自收到通知之日起两个月内提交该商标在撤销申请提出前使用的证据材料或者说明不使用的正当理由；期满未提供使用的证据材料或者证据材料无效并没有正当理由的，由商标注册部门撤销其注册商标。

第十一条 商标注册部门作出本规定第五条、第六条、第七条所述决定或者裁定后，予以公布。

第十二条 对违反本规定第三条恶意申请商标注册的申请人，依据商标法第六十八条第四款的规定，由申请人所在地或者违法行为发生地县级以上市场监督管理部门根据情节给予警告、罚款等行政处罚。有违法所得的，可以处违法所得三倍最高不超过三万元的罚款；没有违法所得的，可以处一万元以下的罚款。

第十三条 对违反本规定第四条的商标代理机构，依据商标法第六十八条的规定，由行为人所在地或者违法行为发生地县级以上市场监督管理部门责令限期改正，给予警告，处一万元以上十万元以下的罚款；对直接负责的主管人员和其他直接责任人员给予警告，处五千元以上五万元以下的罚款；构成犯罪的，依法追究刑事责任。情节严重的，知识产权管理部门可以决定停止受理该商标代理机构办理商标代理业务，予以公告。

第十四条 作出行政处罚决定的政府部门应当依法将处罚信息通过国家企业信用信息公示系统向社会公示。

第十五条 对违反本规定第四条的商标代理机构，由知识产权管理部门对其负责人进行整改约谈。

第十六条 知识产权管理部门、市场监督管理部门应当积极引导申请人依法申请商标注册、商标代理机构依法从事商标代理业务，规范生产经营活动中使用注册商标的行为。

知识产权管理部门应当进一步畅通商标申请渠道、优化商标注册流程，提升商标公共服务水平，为申请人直接申请注册商标提供便利化服务。

第十七条 知识产权管理部门应当健全内部监督制度，对从事商标注册工作的国家机关工作人员执行法律、行政法规和遵守纪律的情况加强监督检查。

从事商标注册工作的国家机关工作人员玩忽职守、滥用职权、徇私舞弊，违法办理商标注册事项，收受当事人财物，牟取不正当利益的，应当依法给予处分；构成犯罪的，依法追究刑事责任。

第十八条 商标代理行业组织应当完善行业自律规范，加强行业自律，对违反行业自律规范的会员实行惩戒，并及时向社会公布。

第十九条 本规定自2019年12月1日起施行。

国家市场监督管理总局有关负责人就《规范商标申请注册行为若干规定》答记者问

问：规章制定的背景是什么？

答：伴随中国特色社会主义市场经济快速发展和改革开放的进一步深入，商标促进市场经济持续、稳定发展的作用日益凸现。在“大众创业，万众创新”背景下，中小微企业不断涌现，市场主体对注册商标的需求增长空前。近年来，随着商标注册程序优化、注册周期缩短、注册成本降低，当事人获得商标注册更为便捷，与此同时，也出现了大量以傍名牌为目的的恶意申请和为转让牟利而大量囤积商标等问题。这些恶意申请商标注册的行为严重扰乱了市场经济秩序和商标管理秩序，破坏营商环境，引起社会各界广泛关注。

2019年4月23日，全国人大常委会通过了对商标法的修改决定。规制恶意申请、囤积注册等行为是此次修改的重点内容之一，主要涉及以下三个方面：一是增强商标使用义务，增加“不以使用为目的的恶意商标注册申请，应当予以驳回”的规定，首先在审查阶段予以适用，实现打击恶意注册的关口前移，并将其作为提出异议和请求宣告无效的事由，直接适用于异议程序和无效宣告程序中；二是规范商标代理行为，规定商标代理机构知道或者应当知道委托人存在恶意注册行为的不得接受委托，一经发现，依法追究责任；三是对申请人、商标代理机构恶意申请商标注册、恶意诉讼的行为规定了处罚措施。从而将规制恶意注册行为贯穿于整个商标申请注册和保护程序，在责任主体方面既包括申请人和权利人也包括商标代理机构。本次修改为规制恶意商标申请注册行为提供了直接、明确的上位法依据。

为着力营造尊重知识价值的营商环境，深化放管服改革，保障商标法顺利实施，有效规制恶意商标申请注册行为，体现严厉打击的决心和导向，促进公平竞争，在广泛征求社会各方意见的基础上，制定本规章。

问：规章的起草思路是什么？

答：规章在起草思路上主要有以下三点：一是遏制恶意申请商标注册行为，明确申请商标注册和从事商标代理的要求，充分发挥知识产权管理部门职能，将打击关口前移并实现全流程覆盖；二是配合商标法最新修改，细化商标注册部门依据商标法第四条进行审查时的考量因素以及第六十八条行政处罚的适用情形和处罚幅度；三是强调监管与引导相结合，将商标审查、管理流程内规制手段与信用记录和代理管理等流程外措施相结合，将政府部门积极引导与行业自律相结合，形成严厉打击恶意申请商标注册行为的长效机制。

问：依据规章规定，属于违背诚实信用原则的商标申请注册行为有哪些？

答：目前商标法中关于违背诚实信用原则申请商标注册的规定散见于多个条款，规章在第三条对商标法规定的、实践中常见的违背诚实信用原则的行为类型进行集中列举，包括不以使用为目的恶意申请商标注册，复制、摹仿或者翻译他人驰名商标的，代理人、代表人未经授权申请注册被代理人或者被代表人商标的，基于合同、业务往来关系或者其他关系明知他人在先使用的商标存在而申请注册该商标的，损害他人现有的在先权利或者以不正当手段抢先注册他人已经使用并有一定影响的商标的，以欺骗或者其他不正当手段申请商标注册的，以及其他违反诚实信用原则、违背社会公序良俗或者有其他具有不良影响的行为。明确了申请商标注册的要求，为审查和执法提供更为明确的依据，并对社会公众进行宣传解读和正面引导。

问：规章对商标代理机构从事商标代理业务有哪些要求？

答：为了规范代理行为，净化商标代理市场秩序，规章第四条规定商标代理机构知道或者应当知道委托人存在恶意注册行为不得接受委托及其他不得从事的行为，包括属于商标法第四条规定的不以使用为目的恶意申请商标注册的、属于商标法第十五条规定的代理人、代表人或其他特定关系人抢注商标的，以及属于商标法第三十二条规定的损害他人现有在先权利或者以不正当手段抢先注册他人已经使用并有一定影响的商标的。此外，规章明确商标代理机构除对其代理服务申请商标注册外，不得申请注册其他商标，不得以不正当手段扰乱商标代理市场秩序。

问：近期恶意申请注册商标行为引发社会舆论广泛关注，尤其是知名网红敬汉卿的名字被他人恶意抢注事件。依据商标法和规章规定，将如何处理恶意申请注册行为？

答：修改后的商标法和刚刚出台的规章，将实现在审查、执法等多个环节有效打击恶意商标申请注册行为。如抢注知名网红名字类似案件，对于尚未注册的商标，商标注册部门在审查过程中根据舆情、举报线索等发现相关申请属于商标法第四条规定的不以使用为目的的恶意商标注册申请的，应当依法驳回，不予公告；在初步审定公告期间被提出异议的，商标注册部门经审查认为异议理由成立，应当依法作出不予注册决定。对于已注册的商标，相关权利人可以依法提出宣告该注册商标无效的申请，经审查无效宣告理由成立的，商标注册部门应当依法作出宣告注册商标无效的裁定；该注册商标没有正当理由连续三年不使用的，任何单位或者个人可以向商标注册部门申请撤销该注册商标。对于上述决定或裁定结果不服的，可以依法提起复审、诉讼等程序。

此外，申请人所在地或者违法行为发生地县级以上市场监督管理部门还可以根据情节给予警告、罚款等行政处罚。有违法所得的，可以处违法所得三倍最高不超过三万元的罚款；没有违法所得的，可以处一万元以下的罚款。下一步，商标注册部门还将发布近年来处理的商标恶意申请典型案例，以体现立法效果和威慑力。

问：商标注册部门在实践中将如何审查商标注册申请是否属于不以使用为目的恶意申请商标注册？

答：审查实践中，如果商标注册部门发现商标注册申请的申请人存在无正当理由大量申请商标注册、交易商标、占用公共资源，及多次在非类似商品或服务上抢注他人商标等情形，则会继续审查该申请是否属于不以使用为目的恶意申请商标注册。具体来说，在认定是否构成恶意申请时，审查员需要综合多项考虑因素和个案证据进行分析判断，如利用商标审查系统中查询申请人的申请历史、转让情况等相关事项，筛查驰名商标、知名地名等禁注词；通过营业执照、企业信息公示系统等对所在行业、违法记录等进行查询。此外，依据商标法第二十九条的规定，在审查过程中，审查员认为申请人涉嫌恶意申请或者囤积注册的，可以要求其作出相关说明。

问：规章规制了商标代理机构的行为，如果代理机构明知委托人存在恶意申请行为仍然接受其委托办理申请，将如何处理？

答：根据商标法和规章的规定，对于上述行为，如果查证属实，将由行为人所在地或者违法行为发生地县级以上市场监督管理部门责令限期改正，给予警告，处一万元以上十万元以下的罚款；对直接负责的主管人员和其他直接责任人员给予警告，处五千元以上五万元以下的罚款；构成犯罪的，依法追究刑事责任。情节严重的，知识产权管理部门可以决定停止受理该商标代理机构办理商标代理业务，予以公告。

此外，还可以适用其他处理措施，包括将处罚信息纳入国家企业信用信息公示系统向社会公示；对代理机构负责人进行整改约谈；由商标代理行业组织依法采取行业自律措施等。

问：针对恶意商标注册申请的行为人，在信用惩戒方面会有哪些具体措施？

答：实践中，对从事违法行为的行为人给予信用惩戒是非常有效的规制手段。在专利领域已经有了很多成功经验，包括2018年11月，国家发改委、人民银行、知识产权局等部门印发了《关于对知识产权（专利）领域严重失信主体开展联合惩戒的合作备忘录》，其中将非正常申请专利的行为认定为严重失信行为之一。为此，国家知识产权局正在研究制定《专利领域严重失信联合惩戒对象名单管理办法》，对落实备忘录的操作问题进行细化。国家市场监管总局正在制定中的《严重违法失信名单管理办法》也在研究考虑将非正常申请专利的行为作为列入严重违法失信名单的情形之一。下一步，将仿照专利领域的做法，将恶意申请商标注册的行为纳入联合惩戒的范围在相关规章和文件中予以明确。

问：相关部门在提升便利化服务水平，健全内部监督方面有哪些举措？

答：知识产权管理部门、市场监督管理部门将积极引导申请人依法申请商标注册、商标代理机构依法从事商标代理业务，规范生产经营活动中使用注册商标的行为。知识产权管理部门将进一步畅通商标申请渠道、优化商标注册流程，提升商标公共服务水平，为申请人直接申请注册商标提供便利化服务。

在内部监督方面，将健全相关制度，对从事商标注册管理工作的国家机关工作人员执行法律、行政法规和遵守纪律的情况加强监督检查。对从事商标注册工作的国家机关工作人员玩忽职守、滥用职权、徇私舞弊，违法办理商标注册事项，收受当事人财物，牟取不正当利益的，依法给予处分；构成犯罪的，依法追究刑事责任。

问：请问近年来国家知识产权局采取了哪些措施规制恶意商标申请注册行为？下一步将如何加强？

答：国家知识产权局一直高度重视商标恶意注册问题，依法对商标恶意抢注进行规制，尤其是近年来将打击恶意注册关口前移，在商标注册审查和审理阶段采取有效措施，在一定程度上遏制了商标恶意抢注行为，这些措施包括：一是通过梳理典型案例，明确需要规制的包括大量摹仿、抢注他人驰名商标等在内的恶意注册行为。二是在审查系统中增加提示功能，对涉嫌恶意注册的申请要求审查员综合考量相关信息，严格审查。三是采取提前审查和并案集中审查等措施，从严适用法律，坚决遏制商标恶意抢注行为。四是加强对恶意商标申请的监测，一经发现及时处理。五是向社会公布典型案例，约谈代理机构，加强警示规范和正面引导，有效维护了正常的商标注册秩序。2018 年，在审查和异议环节累计驳回非正常商标申请约 10 万件，2019 年第二季度共驳回恶意申请 2.4 万件，约占同期驳回量的 4.2%。

商标法的最新修改和这次规章的出台，为严厉打击恶意申请注册行为提供了更加明确和直接的法律依据，有利于进一步加大打击恶意商标注册行为的力度。下一步，商标注册部门将尽快制定具体规程，对商标法第四条规定的不以使用为目的恶意申请商标注册行为进行细化，并发布近年来处理的商标恶意申请典型案例，以体现立法效果和威慑力。同时，国家知识产权局将继续推进商标法新一轮全面修改准备工作，通过对商标法实施情况进行评估、对社会关注热点问题开展专题论证等方式，广泛听取意见建议，继续加大商标恶意申请打击力度，加强商标专用权保护，发挥商标促进经济发展作用。我们相信，随着这些新规定的实施，商标注册管理秩序必将进一步规范，营造更好的市场竞争环境。

[司法实务问题研究]

离婚赔偿中侵权第三人之可诉性研究

——兼论婚姻法第四十六条的缺陷与修改

王维永*

按照我国婚姻法第四十六条的规定，凡因重婚、有配偶者与他人同居、实施家庭暴力以及虐待、遗弃家庭成员四种情形之一导致离婚的，无过错方有权请求赔偿，从而确立了我国离婚损害赔偿制度。按照上列的四种法定情形，其性质既属于故意之过错，又属于侵权之过错。而对于此种明知故犯的侵权行为，法律却限定只能在配偶之间主张损害赔偿，而不允许向配偶之外的共同侵权第三人主张权利，显然既不符合侵权法的立法宗旨，又有悖于中华民族的传统婚姻道德及社会主义公德。本文拟就这一问题进行分析研究，以期引起国家立法机关对这一问题的关注。

一、我国现有法律关于离婚损害赔偿的制度设计

（一）我国婚姻法的规定

我国“50婚姻法”和“80婚姻法”均无离婚损害赔偿的规定。2001年4月28日九届全国人大常委会第二十一次会议通过的关于修改婚姻法的决定中，增加了离婚损害赔偿即过错赔偿的内容，并作为修改后的婚姻法第四十六条之专条规定，全文如下：“有下列情形之一，导致离婚的，无过错方有权请求损害赔偿：（一）重婚的；（二）有配偶者与他人同居的；（三）实施家庭暴力

* 作者单位：重庆市奉节县人民法院。

的；（四）虐待、遗弃家庭成员的。”该条之所以如此规定，就修改婚姻法的背景看，从“80婚姻法”到2001年修改婚姻法的20年中，我国的婚姻家庭情况发生了重大变化，家庭暴力及婚外性行为（主要表现为有配偶者与他人同居及重婚）已成为动摇社会主义婚姻家庭制度的两大毒瘤，被列为当时立法中总结出的六大问题之核心（其他四个方面包括离婚妇女的财产得不到保障、对子女探望权难以实现、婚姻家庭不稳定诱发青少年违法犯罪及老年人的赡养得不到保障）。因此，修改婚姻法时确立离婚损害赔偿制度，是人民的呼声和社会生活的需要，也是婚姻立法的一大进步。

（二）三个司法解释的规定

为有效推进婚姻法的贯彻实施，最高人民法院于修改婚姻法的当年、2003年和2011年先后出台了三个关于适用婚姻法的司法解释，作为婚姻法的配套规范，指导、统一全国婚姻家庭审判工作。其中，直接涉及婚姻法第四十六条的内容分布如下。

《最高人民法院关于适用〈中华人民共和国婚姻法〉若干问题的解释(一)》（以下简称《婚姻法解释一》）涉及五条内容。第一条对婚姻法中的“家庭暴力”进行了界定，即指“行为人以殴打、捆绑、残害、强行限制人身自由或者其他手段”。第二条对婚姻法中的“有配偶者与他人同居”进行了界定，即指“有配偶者与婚外异性、不以夫妻名义，持续、稳定的共同生活”。第二十八条对婚姻法第四十六条中的“损害赔偿”进行了界定，即包括物质损害赔偿和精神损害赔偿，并指明凡涉及精神损害赔偿的适用《最高人民法院关于确定民事侵权精神损害赔偿责任若干问题的解释》（法释〔2001〕第7号）。第二十九条对婚姻法第四十六条的“赔偿主体”进行了界定，规定“承担婚姻法第四十六条规定的损害赔偿责任的主体，为离婚诉讼当事人中无过错方的配偶”。第三十条专门规定了人民法院“告知”义务，即受案法院应当在受理离婚案件时，将婚姻法第四十六条等规定中当事人的有关权利义务，书面告知当事人，并区别三种情况进行程序性处理。

《最高人民法院关于适用〈中华人民共和国婚姻法〉若干问题的解释(二)》（以下简称《婚姻法解释二》）涉及两条内容。第一条规定，当事人起诉解除同居关系的，法院不予受理；但属于“有配偶者与他人同居”的，应当受理并依法予以解除，这是关于立案审查的程序规定。第二十七条规定，当事人在婚姻登记机关办理离婚登记后，又以婚姻法第四十六条为由向法院提出损害赔偿请求的，法院应当受理，但当事人协议离婚时已明确表示放弃该项请求或办理离婚登记一年后提出，则不予支持。该条是关于自愿登记离婚后损害赔偿请求权的救济途经，含有三层意思：一是当事人登记离婚后仍有权提出损害赔偿请求；二是当事人协议离婚时明确放弃该权利的法院不予支持；三是登记离婚后的时间限制，即一年内主张侵权赔偿，过期则不予支持。

《最高人民法院关于适用〈中华人民共和国婚姻法〉若干问题的解释（三）》（以下简称《婚姻法解释三》）涉及一条内容即第十七条规定："夫妻双方均有婚姻法第四十六条规定的过错情形，一方或者双方向对方提出离婚损害赔偿请求的，人民法院不予支持。"该条实际上是重申婚姻法第四十六条关于请求损害赔偿之主体只能是夫妻间的"无过错方"，也重审了《婚姻法解释一》第二十九条主张损害的权利主体为离婚中的"无过错方"，表明有过错的配偶则不能主张离婚损害赔偿请求权。

综合上列婚姻法及三个司法解释的规定，能够准确定位离婚损害赔偿的权利主体，乃婚姻法第四十六条之规定，即赋予了"无过错方"的侵权请求权。而《婚姻法解释一》第二十九条则明确规定了离婚损害赔偿的责任主体，即离婚诉讼中"无过错方"之配偶，而不能向配偶之外的侵权人主张求偿。这是因为，《婚姻法解释一》的该条规定已经从来自最高人民法院业务部门的理解中获得答案：一是最高人民法院刘春银法官在对《婚姻法解释一》的理解与适用文章中明确指出："该条所称的无过错方为合法婚姻当事人中无过错一方，且该项请求权只能向自己的配偶提出。"① 二是最高人民法院民一庭负责人就《婚姻法解释一》答记者问文章中明确说明："无过错方的此项请求只能以自己的配偶为被告，不能向婚姻的其他人提出。"② 这就表明，修改婚姻法所增设的离婚损害赔偿制度，当事人求偿权之行使和侵权责任之承担，均只能限于离婚的配偶之间，而不能牵涉第三人。笔者认为，此确系婚姻法第四十六条的立法本意。因为，前述答记者问中已经十分明确地指出："实践中有些人认为该条规定可以适用于不告自己的配偶，而是告第三者，或者把配偶和第三

---

① 刘春银：《关于适用中华人民共和国婚姻法若干问题的解释（一）的理解与适用》，载《公检法办案指南》2002 年第 3 辑。

② 参见《最高人民法院民一庭负责人就〈婚姻法〉司法解释答记者问》，载《公检法办案指南》2002 年第 3 辑。

者都作为被告，根据立法的本意，这些理解都是不正确的。”①

二、我国现行法律设计离婚损害赔偿制度之问题分析

如前所述，从国家立法机关修改婚姻法的历史背景看，1980 年到 2001 年这 20 年间，改革开放和经济发展给国家开辟美好前景的同时，也触动了社会主义婚姻家庭制度的变化，不稳定因素与日俱增，如婚外性行为、家庭暴力、虐待遗弃家庭成员等现象逐趋严重。为遏制这些现象，立法机关倾听了社会呼声，在修改婚姻法时创设了离婚损害赔偿制度，并将其纳入第五章“救助措施与法律责任”的专章规定。这一救助措施的设定，不但在当时是一种立法上的创举，而且 10 多年的实践证明，其也发挥了一定的救助功能。但由于当时的历史条件限制，立法不可能一步到位，也很难做到完全性突破，因而不应当求全责备。然而 10 多年的司法实践证明，这一制度本身的缺陷，尤其是离婚损害赔偿中第三人的侵权行为无法规治，制约了离婚诉讼中无过错方的权利救济，助长了婚姻法第四十六条规定的四种情形的蔓延和加剧，影响了社会主义婚姻家庭制度的稳定与巩固。具体分析如下：

第一，助长了侵权第三人损人利已的恶行。

就现实生活言，第三人与配偶的一方（即过错方）共同侵权，或重婚，或与之同居，或鼓动过错方实施家庭暴力，或唆使过错方虐待遗弃家庭成员，多数情况下婚姻法规定的离婚损害赔偿的四种法定情形都有表现，有些第三人的恶劣程度甚至较之于过错配偶有过之而无不及。事实上，第三人已经成为侵犯我国配偶权的帮凶，甚至成为我国婚姻家庭解体的罪魁祸首。就是这样一个损人利已的第三人，法律不但不予以惩治，而且还被排除在离婚损害赔偿的责任主体之外，这无论从道德角度还是法律角度，都是说不通的，往往引起民众对法律的不理解和不信任。

第二，有悖于侵权责任法的基本原理。

2009 年 12 月 26 日第十一届全国人大常委会第十二次会议通过并于 2010 年 7 月 1 日起施行的侵权责任法，其宗旨在于保护民事主体的合法权益，明确侵权责任，预防并制裁侵权行为，促进社会稳定。② 为贯彻这一立法宗旨，该

① 参见《最高人民法院民一庭负责人就〈婚姻法〉司法解释答记者问》，载《公检法办案指南》2002 年第 3 辑。

② 参见侵权责任法第一条的规定。

法规定了一系列原理、原则、规则与方法，仅适用离婚损害赔偿的侵权第三人的，即有以下精神：一是有过错即应承担赔偿责任。侵权责任法第六条规定："行为人因过错侵害他人民事权益，应当承担侵权责任。"第三人明知其行为侵犯了婚姻当事人的配偶权、婚姻家庭权以及名誉权和财产权等，却故意为之，理当对自己的不法行为承担侵权责任。二是共同侵权应当承担连带责任。第三人与配偶一方共同侵害配偶另一方的合法权益，因而第三人应当受到离婚损害赔偿的无过错方的同案起诉，承担共同侵权损害的赔偿责任。三是侵权责任法的利益平衡功能要求。侵权责任法强调损害填补或补偿功能，目的在于对受到损害的民事权益进行保护，旨在使其得以补救与修复。① 另一方面，要求对侵权行为人施以制裁，否则不能平复受害人遭致的创伤，这就必然要求第三人同案接受司法制裁，以实现侵权责任法的利益平衡功能。如果说，"不允许任何人从自己的过错行为中获得好处"是一个古老的自然正义法则，那么，任何人不得因自己的不法行为免受追究，则应作为现代司法正义之法则。

第三，制约了无过错方的正当权利救济。

众所周知，离婚损害赔偿之诉中的"无过错方"，实际就是婚姻与家庭不幸中的受害人，他（她）之不幸是由于自己的配偶与第三人勾搭成奸并促使其家庭破裂、婚姻解体。面对受害人的这种无助处境，代表人民意志的法律却不准受害人向侵权第三人起诉，在第三人免除侵权责任的前提下，受害人的正当权益何以实现，且不说索赔无望，甚至连法定的赔礼道歉、消除影响等道义上的安抚都无法获得。法律之正义何以体现？

第四，加剧了社会主义婚姻家庭的不稳定。

笔者研究发现，我国从"50 婚姻法"到"80 婚姻法"的 30 年大跨度中，我国婚姻家庭的保守型状态，使我国婚姻家庭在这一时期相当稳定和谐，即使局势动荡多变，如新中国成立初期的公私合营、社会主义改造、"大跃进"、三年自然灾害以及"文革"十年内乱的痛苦经历，夫妻和谐，家庭稳定，在新中国成立以来离婚率最低，成为我国婚姻家庭稳定和谐的"黄金时期"。② 而"80 婚姻法"到 2001 年修改婚姻法的 20 年中，随着经济社会的发展，人

---

① 最高人民法院侵权责任法研究小组编著：《中华人民共和国侵权责任法条文理解与适用》，人民法院出版社 2010 年版，第 14～15 页。

② 王维永：《反家暴远离令：折射弱者之无助与司法之无奈》，载中国法院网，于 2012 年 5 月 21 日访问。

们的思想观念也发生了变化，反映在婚姻家庭上即是动荡与不安，2001 年到现在更是发生恶作剧式的巨变。据媒体透露，仅 2011 年的一季度，我国就有 46.5 万夫妻办理了离婚登记，平均每天有 5000 多个家庭解体，较 2010 年同期增长 17.1%。①

三、婚姻法第四十六条立法修改之必要性与可行性

从理论上说，法律规则从其颁布时就是过时的，法律漏洞是绝不可避免的。② 其原因在于，法律规则的相对稳定与社会发展之快速所形成的不协调性。正因为如此，有学者发出感叹，认为法律应当具有成长的品质，不但要规范现在的社会，还要引导社会的发展。③ 就本文所论离婚损害赔偿中第三人的侵权责任之承担，当时规定不作为侵权主体参与诉讼，可能具有其合理性，但十多年的司法实践证明确其有不合理性，且其可诉性无可置疑，因此，婚姻法第四十六条的修改已经具备了必要性和可行性。

（一）婚姻法第四十六条修改之必要性分析

首先，婚姻法修改在前，宪法修改在后，婚姻法第四十六条的再修改具备了宪法根据。根据 2004 年 3 月 14 日第十届全国人大常委会第二次会议通过的《中华人民共和国宪法修正案》第二十四条规定，宪法第三十三条增加一款，作为第三款："国家尊重和保障人权"。因此，人权入宪是本次修宪的标志性亮点，宪法作为国家根本大法，对其他部门法的制定、修改或废除具有决定性、引领性作用，这给婚姻法的修改奠定了基础。而且，强化广大妇女这一社会弱势群体的权益保障，本身即是宪法人权保障精神之体现。因此，婚姻法相关条文的再修改，已属顺理成章之事。

其次，制度建设的生命力在于发展和创新，而发展和创新的源泉和动力在于实践。④ 婚姻法修改后的十多年司法实践证明，配偶之外的第三人与配偶之中的"过错方"共同侵权现象愈演愈烈，已经引起民众之公愤，并引发民众对国家立法的忧虑与质疑。如果某一法律规定丧失了民众这一社会基础，那么

① 参见《中国式离婚：期待下一站的幸福》，载《人民法院报》2012 年 2 月 6 日。

② 肖晚祥：《目的性限缩与限缩性解释》，载《人民法院报》2006 年 3 月 23 日。

③ 参见我国台湾地区中国文化大学教授焦仁和在 2004 年海峡法学会论坛首届研讨会上的讲话。

④ 最高人民法院侵权责任法研究小组编著：《中华人民共和国侵权责任法条文理解与适用》，人民法院出版社 2010 年版，第 68～70 页。

这一法律制度谋求存在的唯一条件只能是按照民意进行修改，否则只能被废除。因此，我们的立法应当对第三人给社会主义婚姻家庭的破坏严重性有一个清醒的认识，从而加强调研，着手立法上的修改工作，以遏制这一现象的蔓延。

再次，长时间以来，司法在处理离婚损害赔偿案件中实际处于无奈状态，无力解答当事人提出的质问，一句"这是法律的规定"无法让质问方从中释然，司法之无奈自然导致当事人之无助。在当下，离婚损害赔偿案件已成为婚姻家庭案件中最棘手的案件，也最容易引发"民转刑"趋势，承办法官提心吊胆地办案，精神压抑，疲于做思想工作却无济于事。如果立法修改使第三人被诉为责任主体，既可缓解当事人的情绪，亦可缓解法官的压力，将有效改变目前的司法窘态。

（二）婚姻法第四十六条修改之可行性分析

一方面，域外已有规定，他山之石可以攻玉。域外不少国家的婚姻家庭法律都有关于第三者承担损害赔偿责任的规定，即使在一贯主张性开放的美国，也要求第三者承担赔偿义务，虽然这种要求不是美国《统一结婚离婚法》的规定，但却由美国法院以判例形式予以承认。1997年8月5日，美国北卡罗来纳州法院作出了美国司法史上首次"第三者"受到处罚的判例，该州一名叫朵罗西的妇女向法院控告第三者考克斯与自己的丈夫通奸，使原本幸福的婚姻关系破裂而离婚，要求考克斯为此支付赔偿金。该州法院作出了一个"令所有惨遭遗弃的怨妇扬眉吐气的裁决，要求考克斯向朵罗西支付高达100万美元的赔偿金"。此外，美国还有一些州的法律规定，第三者以诱惑、离间与通奸行为导致夫妻感情疏远，甚至夫妻关系解体，受害的配偶一方有权要求第三人赔偿损失。因此，域外法律规定以及判例，可资我国修改婚姻法第四十六条，确立第三人侵权赔偿之参考。

另一方面，我国立法规定第三人侵权损害赔偿，已有早已施行的侵权责任法作理论与实践支撑。该法第八条规定："二人以上共同实施侵权行为，造成他人损害的，应当承担连带责任。"该条规定与民法通则第一百三十条规定的"二人以上共同侵权造成他人损害的，应当承担连带责任"相一致。而且，该法第十五条规定了承担侵权责任的八种法定方式，这些为我国确立第三人共同侵权赔偿制度奠定了基础。这里应当明确的是，第三人与配偶一方共同侵害法律保护的社会主义婚姻家庭制度，侵害无过错配偶一方的合法权益，其性质是否属于侵权行为，是否属于共同侵权？笔者认为，这种行为理所当然属于侵权，而且是“内外勾结”型共同侵权。这是因为，其一，共同侵权人主观上是明知的，具有主观故意的共同性；其二，他们在实施加害行为中协同动作，目标明确，目的统一；其三，加害之结果均满足了他们的侵权愿望，即家庭破裂，夫妻离弃。因此，加害主体的复数性（二人以上）、加害行为的协作性（互相利用，彼此支持）、主观愿望的共同性（共同故意）、损害结果的统一性（行为和结果都未超出他们的侵权目的范围）特点，完全构成了共同侵权的构成要件。

再一方面，立法确定第三人共同侵权赔偿，在我国具有广泛的群众基础和丰富的司法实践经验。中华民族是一个十分尊崇传统婚姻家庭道德的民族，对我国婚姻法所确立的一夫一妻制、男女平等、夫妻互相忠诚等从内心拥护，深信不动摇，对西方的性理念、性开放以及时下反映出的包二奶、重婚、与他人非法同居、家庭暴力、虐待遗弃家庭成员等现象十分不满，甚至深恶痛绝。人们都希望对对夫妻恩爱，家家和睦幸福，家庭能够充分发挥社会细胞的功能与作用，因此，具备了婚姻法第四十六条修改构建第三人侵权损害赔偿制度的广泛群众基础。同时，婚姻法修改后又经历 10 多年的实践检验，司法机关已经积累了离婚损害赔偿方面的丰富的审判实践经验，一旦第三人侵权责任经立法修改确立，将十分有利于婚姻家庭案件的司法审判，变无奈为得心应手，变被动为主动，从而保障社会主义婚姻家庭制度的稳定和巩固，为社会和谐之构建提供良好的条件。

[新类型疑难案例选评]

林丽某诉瑞安市某健身有限公司服务合同纠纷案[①]

余 谋 徐 杰*

【裁判要旨】

被告瑞安市某健身有限公司因内部人事变动导致原告林丽某无法继续享受原指定私教的课程服务，过错方在被告，即使合同的格式条款规定被告有更换私教的权利，但作为消费者的原告亦有权选择继续履行合同或者单方解除合同。

【基本案情】

2016起，原告到被告处进行健身体验并入会，并交纳2016年11月7日至2020年10月7日会员服务费4079元，截至2019年1月，剩余服务期18个月，剩余价值1632元。后在教练罗冬梅、宋飞的推荐下，原告与被告签订多份《私人教练课程合约书》，分别是2016年12月9日订立的14000元56节课私教课，剩余未完成课程6节课；2017年7月26日、27日订立两份15000元40节私教课，总费用30000元、总课程80节，未完成课程12节；2017年9月29日订立的57200元220节私教课，未完成课程157节；2018年5月25日订立

① 一审：（2019）浙0381民初4221号；二审：（2019）浙03民终3640号。

* 作者单位：浙江省瑞安市人民法院。

的22000元60节私教课，未完成课程58节；2018年6月14日订立的60000元150节私教课，未完成课程101节。在原告使用部分私教课程后，因私人教练离职，被告另安排其他教练，但新教练没有取得原告的认可。被告抗辩私教合约书约定被告保留更换教练的权利，不同意退还剩余私教费。

【审理结果】

瑞安市人民法院认为：关于私教费用的退还，《中华人民共和国消费者权益保护法》第五十三条规定，经营者以预收款方式提供商品或者服务的，应当按照约定提供。未按照约定提供的，应当按照消费者的要求履行约定或者退回预付款；并应当承担预付款的利息、消费者必须支付的合理费用。故，经营者提供的服务不符合合同约定的，消费者可以选择继续履行合同，也可以选择终止合同；消费者选择终止合同的，经营者应当退回预付款。本案中，原告作为消费者，其支付的私教费用性质为预付款，本案的争议焦点为原告是否有权要求退还剩余未消费的预付款。本院认为，常规课程私教和非常规课程私教都是指一对一提供私教服务，是学员基于对特定教练自身水平及教学方式的认可才签订的协议，具有较强的人身属性。本案原告在指定教练的指导和推荐下预交私教费用并开展私教课程，现指定教练离职且离职归责于被告内部人事变动，因被告原因导致原告无法继续享受原指定教练的私教服务，过错方在被告。合同虽然约定了被告保留指定其他教练进行课程的权利，但根据公平原则，其他教练提供的服务必须得到原告的认可，现原告体验其他私教服务均不满意，被告庭审中亦承认暂无法提供原告要求的与罗冬梅同等级别的教练，视为被告提供的服务不符合要求，况且被告提供的服务内容注重消费者的消费体验感，若继续履行，则合同目的的实现处于不确定状态，故本院认为涉案私人教练服务合同不宜继续履行。因此，原告提出的关于解除私教服务合同中未消费私教课程并退还剩余课程费用的诉讼请求，合情合理，本院予以支持，被告的相关答辩意见本院不予采信。据此，依照《中华人民共和国消费者权益保护法》第二十六条、第五十三条，《中华人民共和国合同法》第九十一条、第九十四条、第九十七条之规定，判决如下：一、原告林丽某与被告瑞安市某健身有限公司签订的《私人教练课程合约书》项下未消费私教课程部分于本判决生效之日起解除；二、被告瑞安市某健身有限公司于本判决生效之日起十日内退还原告林丽某私教预付款108487元；三、若被告瑞安市某健身有限公司不履行本判决第二项确定的债务，则自逾期之日起按中国人民银行同期同档次贷款基准利率计算利息损失至实际履行完毕之日止；四、驳回原告林丽某的其他诉讼请求。被告不服一审判决上诉于温州市中级人民法院，后被告未交纳上诉费，温州市中级人民法院裁定按撤诉处理。嗣后，被告自愿向原告履行一审判决确定的支付金额。

［评析］

私人教练更换后消费者行使合同解除权的认定

随着全民健身概念的普及，健身服务行业蓬勃发展，行业发展带来的行业纠纷激增，较为突出的是消费者以预付款的方式交纳高额的私教费用，后因私教频繁更换使消费者对合同履行效果的评价发生变化，更换私教这种“代替给付”是否剥夺消费者的选择权等问题值得探讨。健身机构以格式合同限制消费者解除权，这严重损害了消费者的合法权利，故笔者从上述案例入手分析私教发生变更时消费者欲退出合同关系，该选择怎样的退出路径，保有自身利益最大化的同时终止经营者提供后续的服务。

一、涉案私教合同的性质

涉案私教合同属于服务型预付式消费合同，作为无名合同，其兼具有预付合同和服务合同的双重特质，是一种“预先支付款项，随后逐渐消费”的消费模式，是以经营者的商业信用作为保证，当消费者在支付预付款后，便丧失主动权，之后合同的履行主要依赖于经营者的诚信程度，该类合同的特征表现为合同风险的单向性、合同履行的非及时性、合同条款的格式化，合同标的的无形化，由此可见，消费者的弱势地位尤为明显，消费者的债权无任何法定的有效规制经营者行为的履约担保制度进行保障，这给之后合同的履行埋下了风险隐患，易导致利益失衡，故此，在司法实务方面，法官在依据诚实信用、公序良俗等原则行使自由裁量权时，应兼顾经营者与消费者双方的利益平衡，并适当向消费者倾斜。

二、私教更换后消费者的单方解除权

服务具有无形的特点，服务品质的判断受服务接受方的主观感受和个体差

异的影响，合同是否完全履行（给付服务品质是否符合约定）的判定存在一定的困难。同时，服务实际提供者的技能和专业程度对服务的内容和质量影响较大，“代替给付”会面临障碍，服务人员的频繁更换等会使合同履行受到影响。本案中，私教作为服务提供者，其精力、手法、熟练程度和专业程度各不相同，这无形中增加了消费者对服务瑕疵的举证难度，即使消费者能够举证，经营者常以消费者的自身差异和协作不足作为抗辩事由，除非发生不可抗力或者情势变更。由于消费者与经营者订立该服务合同的初衷是为了享受服务带来的愉悦感，私教变更后，若不及时赋予消费者退出合同的合理通道，而是迫使消费者继续忍受合同的长期绑架，就会使消费者抵触、质疑、不满等消极情绪加剧，这就与消费者订立合同的初衷相背离，合同目的不能实现。故笔者认为，私教不具有可替代性，私教的更换就是合同重大内容的变更，这种“代替给付”方式需经过消费者的同意，同意则继续履行合同，不同意则双方协商解除合同或消费者单方行使法定解除权，但现实中，协议解除合同的退出路径不太可能实现，因为消费者“先付款、后消费”，消费者在支付价款后，其债权的实现完全依赖经营者的商业信用，由于此时合同风险已转嫁于消费者一方，一旦纠纷发生，消费者处于迫切希望解除合同、取回未消费的余额以挽回自己的经济损失的窘境，而经营者作为全部价金的保有方，为保全自身的履行利益，自然不愿解除合同，那么消费者与经营者便无法实现解除合同的目的。故此，司法实务中对消费者行使单方解除权给予法律支持，笔者认为应适用合同法第九十四条第（四）款的规定，解除事由即原私教不能继续履行合同的违约行为导致不能实现合同目。当然，消费者行使单方解除权并非完全任意的，在可归责于经营者之事由为不良给付或违反其他义务受有损害时才行之有效，因消费者单方面解除合同导致合同不能履行的法律后果，在司法实践中常需要综合考虑服务合同的履行程度、经营者提供服务的情况、消费者单方面放弃服务的过错程度等因素，依照公平原则和诚实信用原则，酌情确定消费者应承担的损害赔偿范围的大小。

三、经营者作为违约方以格式条款规避违约责任是否对消费者产生效力

经营者与消费者签订的服务合同，常常载有“此卡一经售出，概不退还”“本店享有最终解释权”“本会员卡不得转让”等形式的“霸王条款”，经营者

通过这些单方面制定的格式条款，减免了自身的责任、限制了消费者的权利，给消费者带来了不利后果，同时，这也给经营者在合同后续履行过程中不兑现承诺、损害消费者公平交易权以可乘之机，消费者作为合同的相对方，其意思表示并不是完全自由的，这些格式条款都是服务性预付式消费中消费者面临的困境。按照我国合同法第三十九条规定，经营者作为格式条款的提供者必须以公平原则来确定与消费者之间的权利义务关系，同时对于免除或限制自身责任的条款，需要以合理的方式提请消费者注意，并须按照消费者的要求承担说明的义务。合同法第四十条规定作为格式条款的提供方的经营者不得用格式条款免除自身责任、加重对方责任、排除对方主要权利。消费者权益保护法第二十六条对经营者需以显著方式提请消费者注意商品或者服务的风险警示、民事责任等内容并按照消费者的要求予以说明进行了重申。同时也对经营者不得作出限制消费者权利、减轻或者免除自身责任、加重消费者责任等规定予以强调。本案中，私教合约书虽然约定了私教离职或因其他原因不能继续授课的，经营者保留指定其他教练进行课程的权利，该条款显然是原告作为经营者利用自身知识、经验、谈判能力、经济地位等的优势，在订立合同时尽可能实现自身利益的最大化而作出的规定，作为理性的经济人，考虑到自身违约所带来的损失，他们当然不会允许赋予消费者解除权而使合同归于消灭，影响自身履行利益，而是让消费者不得不接受经营者单方的处理结果，比如本案中私教的替换，显然本案关于经营者有权单方决定更换私教的格式条款严重侵害了消费者公平交易权以及合同解除权，有悖公平原则，不符合民法精神，故笔者认为该条款属于效力待定条款，若消费者自愿接受“代替给付”，视为双方在该条款适用中达成变更合同内容的合意，该条款有效；若消费者不同意接受“代替给付”，则该条款对消费者无效，消费者可依法行使单方解除权。

结　语

消费者在预付式消费方面需要理性、谨慎，要增强自己的维权意识，因归责于经营者的事由使合同履行陷入障碍时，消费者可随时主张单方解除权以保障合法权益。

郑木某诉黄光某债权人撤销权纠纷案[①]

曾 聆 林加仁[*]

【裁判要旨】

《存量房买卖合同》签订后，约定的购房款并未实际支付，双方并无实际买卖交易，讼争房产过户系为了抵债，属于债务人无偿转让财产对债权人造成损害的情形。

【基本案情】

原告郑木某诉称：黄光某自2010年起，以公司资金周转困难，以自己的名义向郑木某借款。截至2014年底，黄光某向郑木某借款共计33000000元。2015年春节期间，黄光某突然失联，公司人去楼空。经调查黄光某负多人债务，在2015年春节前已将厦门多处房产低价出售。吴文某系黄光某前妻的弟弟。黄光某与吴文某于2015年1月22日就讼争房产签订买卖合同，黄光某以不到市场价格50%的价格将讼争房产出售给吴文某。黄光某以明显不合理的低价转让财产，损害了债权人的利益，而吴文某对此知情。郑木某为此提起本案诉讼。郑木某请求判令：1. 撤销黄光某与吴文某就坐落于厦门市湖滨南路20号××××室签订的《存量房买卖合同》（合同编号：00323752），并判令黄光某与吴文某立即将房屋产权证回转至黄光某名下。2. 黄光某与吴文某共同承担律师费51000元。

---

① 一审：福建省厦门市集美区人民法院（2016）闽0211民初637号（2016年12月27日）；二审：福建省厦门市中级人民法院（2017）闽02民终5038号（2018年2月5日）。

* 作者单位：福建省厦门市中级人民法院。

被告黄光某辩称：黄光某与吴文某之间的房产买卖合同是双方真实意思表示，且不存在侵害其他债权人利益的事实。因黄光某需要资金，以案外人厦门鑫协丰贸易有限公司（以下简称鑫协丰公司）名义向浦发银行泉州分行贷款，款项的实际使用人为黄光某，故黄光某以本案讼争房产提供了抵押。后因黄光某无力偿还款项，才将讼争房产过户给吴文某（系鑫协丰公司的股东）用于抵偿债务，则鑫协丰公司的贷款由吴文某及该公司自行处理，与黄光某无关。因此，本案讼争房产之所以转让给吴文某，系为了抵销黄光某的债务，双方之间的交易行为符合法律规定，并未侵害其他债权人的利益。

第三人吴文某述称：本案讼争房产变更至吴文某名下是因为黄光某抵销债务行为的后果。本案讼争房产之前抵押给浦发银行泉州分行，所贷款项的实际使用人是黄光某。后黄光某无法偿还银行贷款，因此经过双方协商将讼争房产过户给吴文某。吴文某是鑫协丰公司的股东，房产过户后以鑫协丰公司名义贷款的还款事宜由吴文某及鑫协丰公司自理，黄光某不再需要履行还款责任。以房产来抵销债务是维护吴文某和鑫协丰公司的权利。综上，郑木某的诉求没有事实和法律依据，依法应予以驳回。

第三人浦发银行泉州分行述称：1. 浦发银行厦门分行对讼争房产拥有合法有效的抵押权。讼争房产已于2015年2月11日办理合法有效的抵押登记手续，抵押人为吴文某，抵押权人为浦发银行泉州分行，被担保人为鑫协丰公司，抵押担保债权金额为11050000元。2. 浦发银行泉州分行为善意第三人。讼争房产抵押权的设立时间为2015年2月11日，郑木某起诉黄光某要求偿还债务的时间为2015年6月23日，晚于抵押权设立时间。讼争房产所担保的债权自2013年就已发生，是长期延续的。因此，浦发银行泉州分行与黄光某、吴文某不存在恶意串通的行为，且已经尽到善意第三人义务。综上，本案判决不应影响浦发银行泉州分行对讼争房产的抵押权。

法院经审理查明：黄光某于2010年至2014年12月14日期间向郑木某借款，截至2014年12月31日，尚欠郑木某借款本金33000000元。郑木某与黄光某于2015年7月13日在厦门市中级人民法院的主持下达成调解协议，黄光某同意于2016年5月28日前归还郑木某借款本金33000000元及利息。该调解协议经（2015）厦民初字第1054号调解书确认。2015年8月13日，郑木某依据前述调解书向厦门市中级人民法院申请强制执行。

2015年1月22日，黄光某与吴文某签订《存量房买卖合同》，约定黄光某将其名下坐落于厦门市思明区湖滨南路 20 号××××室的房产出售给吴文某。该合同约定，交易房产建筑面积为 200.38 平方米，成交价为 1703000 元，吴文某应于 2015 年 1 月 22 日前将购房款一次性支付给黄光某。前述《存量房买卖合同》签订后，坐落于厦门市思明区湖滨南路 20 号××××室的房产于 2015 年 1 月 27 日变更登记至吴文某名下。

吴文某在庭审中确认，前述《存量房买卖合同》约定的购房款吴文某实际并未支付给黄光某，双方实际并无房屋买卖交易，而是黄光某用讼争房产抵债给吴文某。

2015 年 2 月 3 日，吴文某与浦发银行泉州分行签订 1 份《最高额抵押合同》，将前述其名下坐落于厦门市思明区湖滨南路 20 号××××、××××、××××室的房产抵押给浦发银行泉州分行，以担保债务人鑫协丰公司于 2015 年 2 月 3 日至 2018 年 2 月 3 日期间内与浦发银行厦门分行办理各类融资业务所发生的债务以及双方约定的在先债务，担保的主债权余额在该期间内最高不超过人民币 11050000 元。

2015 年 2 月 5 日，吴文某为确定房地产抵押贷款额度提供参考依据而委托评估机构对坐落于厦门市思明区湖滨南路 20 号××××、××××、××××室的房产进行价值评估。经评估，前述房产于价值时点即 2015 年 2 月 4 日的市场单价为 18457 元/平方米，总市场价值为 12239206 元，抵押价值为 11050000 元。

2015 年 2 月 11 日，浦发银行泉州分行就前述坐落于厦门市思明区湖滨南路 20 号××××、××××、××××室的房产抵押办理抵押登记，并取得厦国土房他证第 201508639 号土地房屋他项权证。

2015 年 11 月 13 日，郑木某委托评估机构对坐落于厦门市思明区湖滨南路 20 号××××、××××、××××室的房产进行评估。经评估，前述房产于价值时点即 2015 年 1 月 20 日的评估单价为 15101 元/平方米，总市场价值为 10013700 元。

2016 年 1 月 26 日，郑木某与福建明嘉律师事务所签订 1 份《诉讼代理合同》，委托福建明嘉律师事务所指派庄凯旋、林奕增律师代理本案诉讼事务，代理费为 51000 元。2016 年 6 月 2 日，福建明嘉律师事务所向郑木某开具 1 张金额为 51000 元的律师费发票。

【裁判结果】

厦门市集美区人民法院于 2017 年 12 月 27 日作出（2016）闽 0211 民初 637

号民事判决：一、撤销被告黄光某与第三人吴文某于2015年1月22日签订的编号为00323752的《存量房买卖合同》。二、被告黄光某应于本判决生效之日起十日内支付原告郑木某因本案支出的律师费51000元。三、驳回原告郑木某主张第三人吴文某承担律师费51000元的诉讼请求。厦门市中级人民法院于2018年2月5日作出（2017）闽02民终5038号民事判决：驳回上诉，维持原判。

【裁判理由】

法院生效载判认为：当事人对自己提出的诉讼请求所依据的事实有责任提供证据加以证明。当事人未能提供证据或者证据不足以证明其事实主张的，由负有举证证明责任的当事人承担不利的后果。吴文某主张其受让厦门鑫协丰贸易有限公司对黄光某的债权，但其未提供厦门鑫协丰贸易有限公司与黄光某存在债权债务关系及吴文某受让债权的证据。在本院指定期限内，吴文某亦未提交相关证据，故其应承担举证不能的法律后果。《中华人民共和国合同法》第七十四条规定，因债务人放弃其到期债权或者无偿转让财产，对债权人造成损害的，债权人可以请求人民法院撤销债务人的行为。债务人以明显不合理的低价转让财产，对债权人造成损害，并且受让人知道该情形的，债权人也可以请求人民法院撤销债务人的行为。根据查明事实，2015年1月22日，黄光某与吴文某就讼争房屋签订一份编号为00323752的《存量房买卖合同》，约定黄光某将其名下位于厦门市湖滨南路20号××××室房产出售给吴文某，房屋建筑面积200.38平方米，成交价1703000元。2015年1月27日，讼争房屋权属转移登记至吴文某名下。吴文某没有支付购房款。故黄光某无偿转让财产对债权人郑木某造成损害。

[评析]

债权人撤销权纠纷中以房抵债协议效力的法律认定

近年来，涉及民间借贷等债权债务纠纷而引发的“以房抵债”类新型民事诉讼案件不断增多，该类纠纷既要保护债权人的合法债权获得清偿，又涉及维护房地产市场的安全交易问题。本案争议的焦点问题在于吴文某与黄光某之间以房抵债的协议是否有效，是否对债权人郑木某造成损害。我们认为，在债权人撤销权纠纷诉讼中，对以房抵债协议效力的认定应该采用严格标准，理由如下。

一、司法解释对债权人撤销权纠纷中的流质条款有特别规定

在物权法第一百八十六条、担保法第四十条禁止流质规定的基础上，《最高人民法院关于适用〈中华人民共和国担保法〉若干问题的解释》第五十七条规定："当事人在抵押合同中约定，债务履行期届满抵押权人未受清偿时，抵押物的所有权转移为债权人所有的内容无效。该内容的无效不影响抵押合同其他部分内容的效力。债务履行期届满后抵押权人未受清偿时，抵押权人和抵押人可以协议以抵押物折价取得抵押物。但是，损害顺序在后的担保物权人和其他债权人利益的，人民法院可以适用合同法第七十四条、第七十五条的有关规定。"合同法第七十四条即为对债权人撤销权的规定。可见，在债权人撤销权纠纷中，债务人与第三人的流质条款较之其他情况下的流质条款具有特殊性。以本案为例，在此类债权人撤销权纠纷中，涉及债权债务法律关系和房屋买卖法律关系，不仅要保护善意第三人的合法权益，维护正常的市场交易秩序，也需要保护债权人的债权不受损害。这里的"债权人"指的是提起撤销诉讼的原告方，非以房抵债协议中的债权人。以房抵债行为往往不存在真实的房屋买卖行为，签订的房屋买卖协议仅作为债务担保，因此对其他债权人的保护就显得更为迫切。

二、债权人撤销权纠纷中的以房抵债协议容易损害其他债权人的利益

如果以房抵债是债务人与一个或几个（非全部）债权人私下达成的协议，那么就可能存在串通伪造协议、转移债务人财产的嫌疑。即便债权和协议真实存在，也会造成债务人偿债能力下降，可能损害其他债权人的利益。本案中，吴文某主张其受让鑫协丰公司对黄光某的债权，黄光某用讼争房产抵债给吴文某。首先，吴文某对该受让债权并未提供证据予以证明，该债权的真实性存疑；其次，吴文某与黄光某均为鑫协丰公司的股东，该公司与股东内部达成的协议不能对抗郑木某；最后，即便吴文某对黄光某的债权真实存在，二人之间达成的以房抵债协议仅是对吴文某债权的清偿，无法在所有债权人中依法分配债务人的财产。因本案当事人均认可讼争房屋买卖协议并未实际履行，购房款未实际支付，符合合同法第七十四条规定的"无偿转让财产，对债权人造成损害"，郑木某有权提起债权人撤销权诉讼，撤销该以房抵债的行为。

[《民法总则》条文理解与适用]

第三十六条 监护人有下列情形之一的，人民法院根据有关个人或者组织的申请，撤销其监护人资格，安排必要的临时监护措施，并按照最有利于被监护人的原则依法指定监护人：

（一）实施严重损害被监护人身心健康行为的；

（二）怠于履行监护职责，或者无法履行监护职责并且拒绝将监护职责部分或者全部委托给他人，导致被监护人处于危困状态的；

（三）实施严重侵害被监护人合法权益的其他行为的。

本条规定的有关个人和组织包括：其他依法具有监护资格的人，居民委员会、村民委员会、学校、医疗机构、妇女联合会、残疾人联合会、未成年人保护组织、依法设立的老年人组织、民政部门等。

前款规定的个人和民政部门以外的组织未及时向人民法院申请撤销监护人资格的，民政部门应当向人民法院申请。

【条文主旨】

本条是关于撤销监护人资格的规定。

【条文理解】

设定撤销监护人资格，是为了更好地保护被监护人的利益，也体现了对监护人失职行为的惩罚，在世界各地立法中已是通例。

1. 申请撤销监护人资格的主体较为宽泛，包括居民委员会、村民委员会、学校、医疗机构、妇女联合会、残疾人联合会、未成年人保护组织、依法设立的老年人组织、民政部门等。以上个人和组织，都负有保护被监护人的特定职责，规定他们可以申请撤销监护人资格，目的是为了保证被监护人监护中存在的问题被及时披露，对监护权的行使起到监督和制约作用，避免监护人滥用权利侵害被监护人利益。这既是保护被监护人权益的需要，也是以上个人和相关组织的职责所在。本条第3款还规定，民政部门是申请撤销监护人资格的兜底单位。

实践中，为了便于相关个人和组织向人民法院提出申请，《最高人民法院、最高人民检察院、公安部、民政部关于依法处理监护人侵害未成年人权益行为若干问题的意见》第30条规定，监护人因监护侵害行为被提起公诉的案件，人民检察院应当书面告知未成年人及其临时照料人有权依法申请撤销监护人资格。对于相关单位和人员没有提出申请的，人民检察院应当书面建议当地民政部门或者未成年人救助保护机构向人民法院申请撤销监护人资格。

2. 必要的临时监护措施，指的是被监护人在权益受到监护人侵害之后，人民法院在指定监护人之前，为避免被监护人处于无人监护的状态中，可以临时指定被监护人的亲属、居民委员会、村民委员会、民政部门等担任临时监护人，履行法律规定的监护职责。

3. 撤销监护人资格应当非常慎重。本条列举的撤销监护人资格的三种情形，都属于严重侵害被监护人权益的情形，这是“最有利于被监护人原则”的要求。家庭是被监护人最好的生活环境，在条件允许的情况下，应当尽可能地让被监护人在家庭中生活。同时，父母抚养子女、子女赡养父母、夫妻之间相互扶养既是亲情的需求，也是法定的责任。许多国家如美国、英国、荷兰等也都对撤销监护人资格的情形作出严格限定，撤销监护人资格本着“不得已而为之”的原则是国际上的通常做法。

实践中，撤销监护人资格的案件主要集中在未成年人的监护案件中，《最高人民法院、最高人民检察院、公安部、民政部关于依法处理监护人侵害未成年人权益行为若干问题的意见》第35条规定，有以下情形之一的，人民法院可以判决撤销其监护人资格：性侵害、出卖、遗弃、虐待、暴力伤害被监护人，严重损害被监护人身心健康的；将被监护人置于无人监管和照看的状态，导致未成年人面临死亡或者严重伤害危险，经教育不改的；拒不履行监护职责长达六个月以上，导致被监护人流离失所或者生活无着的；有吸毒、赌博、长期酗酒等恶习无法正确履行监护职责或者因服刑等原因无法履行监护职责，且拒绝将监护职责部分或者全部委托给他人，致使被监护人处于困境或者危险状态的；胁迫、诱骗、利用被监护人乞讨，经公安机关和救助保护机构等部门三次以上批评教育拒不改正，严重影响被监护人正常生活和学习的；教唆、利用被监护人实施违法犯罪行为，情节恶劣的；有其他严重侵害被监护人合法权益行为的。实施严重侵害被监护人合法权益的其他行为，主要是指侵害被监护人的财产权益，如出卖被监护人的房产、出借被监护人的资金等。

【审判实践中应注意的问题】

1. 人民法院为被监护人指定监护人时，应当听取被监护人及其亲属、居民委员会、村民委员会和民政部门的意见，根据监护能力、监护意愿、未成年人本人意愿等选择合适的监护人。同时，应当把握不得指定下列人员担任监护人：一是无行为能力人或限制行为能力人，如精神病人或者间歇性精神病人；

二是对被监护人提起诉讼之人及其配偶、直系亲属；三是与被监护人有其他利害冲突的人；四是下落不明的人；五是患有严重危害被监护人利益的疾病，尚未治愈的人；六是涉嫌犯罪或已被判处刑罚的人，包括被判处非监禁刑罚的人；七是无监护能力或者对被监护人明显不利的其他人员。此外，在没有亲友监护的情况下，民政部门作为兜底单位，法院可以判决其承担国家监护责任。

2. 申请人申请撤销监护人资格，应当提交相关证据，特别是包含被监护人基本情况、监护存在问题、监护人悔过情况、监护人接受教育辅导情况、被监护人身心健康状况以及被监护人意愿等内容的调查评估报告，应当一并提交。《最高人民法院、最高人民检察院、公安部、民政部关于依法处理监护人侵害未成年人权益行为若干问题的意见》第29条还规定："有关单位和人员向公安机关、人民检察院申请出具相关案件证明材料的，公安机关、人民检察院应当提供证明案件事实的基本材料或者书面说明。"明确了公安机关和人民检察院的配合义务。

【案例链接】

林某某被撤销监护人资格案

福建省仙游县榜头镇梧店村村民林某某（女）多次使用菜刀割伤年仅9岁的亲生儿子小龙（化名）的后背、双臂，用火钳鞭打小龙的双腿，并经常让小龙挨饿。当地镇政府、村委会干部及派出所民警多次对林某某进行批评教育，但林某某拒不悔改。2014年5月29日凌晨，林某某再次用菜刀割伤小龙的后背、双臂。为此，仙游县公安局对林某某处以行政拘留十五日并处罚款人民币一千元。6月13日，仙游县榜头镇梧店村民委员会以被申请人林某某长期对小龙的虐待行为已严重影响小龙的身心健康为由，向法院申请依法撤销林某某对小龙的监护人资格，指定梧店村民委员会作为小龙的监护人。在法院审理期间，法院征求小龙的意见，其表示不愿意随林某某共同生活。

福建省仙游县法院经审理认为，监护人应当履行监护职责，保护被监护人的身体健康、照顾被监护人的生活，对被监护人进行管理和教育，履行相应的监护职责。被申请人林某某作为小龙的监护人，未采取正确的方法对小龙进行教育引导，而是采取打骂等手段对小龙长期虐待，经有关单位教育后仍拒不悔改，再次用菜刀割伤小龙，其行为已经严重损害小龙的身心健康，故其不宜再担任小龙的监护人。依照民法及未成年人保护法的有关规定，撤销被申请人林某某对小龙的监护人资格；指定申请人仙游县榜头镇梧店村民委员会担任小龙的监护人。

父母作为未成年子女的法定监护人，应当履行监护职责，对其进行保护、教育，保护子女的人身权利、财产权利及其他合法权利。若父母因不履行监护职责而导致未成年子女法益难以得到保障，甚至对子女实施虐待、伤害或者其他侵害行为，再让其担任监护人将严重危害未成年人的身心健康，不利于未成年人的健康成长。本案中，林某某不但没有积极履行监护职责，反而对其子小龙多次以殴打、让其挨饿等方式进行虐待，当地有关部门多次批评教育、劝阻均未果。林某某的行为已经严重地损害了小龙的合法权益，不宜再作为小龙的监护人。人民法院根据法律的有关规定，撤销林某某对其子小龙的监护资格，是对小龙合法权益的保护。如果林某某的侵害、伤害行为已经造成一定后果，还可能构成虐待罪，应承担刑事责任。

【域外立法例】

一、大陆法系国家或地区关于撤销监护人资格的规定

《法国民法典》第427条规定："监护是对儿童的保护，属于公共性质的责任。"但这一规定并不表示每个人必须承担监护的责任。如因年龄、身体健康状况、距离较远、工作或家务极其繁忙，没有能力或无暇承担监护责任的人，或者已负担的监护任务已经较为沉重，不能接受新的监护任务的人，是可以免予负担监护任务的。相应地，即使在接受了监护任务后，又出现了上述可免除负担监护任务的情形，也可以解除其负担的监护任务（《法国民法典》第428条、第429条）。与此同时，国家也肩负着一定的监护责任，如《法国民法典》第433条中规定，无人监护的未成年人交由社会儿童救助部门。为充分保障监护的有效行使，《法国民法典》第420～426条还规定了监护监督制度。监护监督人的责任是对监护人的管养进行监督，并在未成年人与监护人二者的利益发生冲突时，站在未成年人一方。

德国与法国类似，在未成年人监护的规定方面有着浓厚的公法色彩。监护为一个公职，监护人不再仅限于家庭成员，任何因国家履行照顾人民的义务而指定的可信之人均可担任监护人。[①]《德国民法典》规定，在监护涉及未成年人，而又遇到无人监护的情形时，监护法官可将监护责任交给国家，若涉及未成年人时，社会儿童援助部门应加以负责。家事法官可决定由第三人对未成年人进行照管，也可决定由第三人提出相应的监护请求。某些法定情形下，家事法官均须以最大化的儿童利益为原则采取相应措施，授予社会儿童援助部门对

① 曹诗权：《未成年人监护制度研究》，中国政法大学出版社2004年版，第187页。

儿童的监护权；家庭法院在未成年人监护过程中享有全程干预监督的权利。①

在我国台湾地区，监护权的转移强调与未成年人“同居”这一关系，其次则强调最近的血缘关系，这样能够最大限度地保证监护人熟悉未成年人生活习惯，尽可能将监护权的转移给未成年人生活造成的影响降到最低，最大限度地保障被监护人利益的实现。提起选定或者改定监护人的主体范围较广，包括未成年人、检察官、当地社会福利主管机关或其他利害关系人。我国台湾地区设置了临时监护形式，在选定监护人确定之前，明确由当地社会福利主管机关为其监护人。从“法律”上允许委托监护的存在，明确由父母暂时委托者，以所委托之职务为限行使监护权。此外，明确规定了监护人的不适格条件和解除资格的情形。台湾地区的亲属会议既是监护权利机关也是监护监督机关。②

二、英美法系国家关于监护权撤销制度的规定

美国在未成年人监护问题上主要围绕以下三方面展开：其一，美国政府实施了强制执行父母的抚养义务、救助困难家庭计划以及增进家庭安全和稳定的措施来帮助生活于困难家庭之中的未成年人；其二，政府和社会加强父母对如何教育子女方面的指导，以此来保障未成年人在家庭生活中的福利；其三，政府制定和实施了各种措施，建立收养、寄养等制度以帮助受到忽略和虐待的未成年人，如设立儿童局，并在其下设立了儿童忽略和虐待司，负责对遇有困难的儿童承担起监护职责，专门解决儿童问题。③ 关于监护权撤销制度，美国法上规定了终止父母权利制度（terminate parents right，简称 TPR）制度。在出现法律规定的情形时，法院作出终止父母权利的决定，父母失去与未成年子女共同生活的权利，同时丧失了所有决定孩子成长事项的权利，甚至不能探望孩子。由于该制度的严厉性，法律同时规定，只有在证明所有其他措施均无效的情况下，单独起诉且适用单独的程序时才能启动 TPR 方案。④

英国儿童法第四部分《照管与监督》一章（31－42 条）中，明确了法院与政府在对儿童诉权与坚强监护的分工与职责。法院可以应任何地方政府申请或者主动发出将涉及申请儿童交给指定政府照管、关护的照管令或监督令。法

① 如《德国民法典》第1666条第（1）项规定：“滥用亲权，因对子女怠责，因父母非过失地不起作用或因第三人的行为，致使子女肉体上的、精神上的或心灵上的利益受到危害的，在父母不愿意或没有能力免除危险时，家事法庭为免除危险应采取有必要采取的措施。”

② 参见台湾地区“民法”第1084条、第1091～1098条、第1107条、第1108条。

③ 郗杰英、鞠青：《家庭抚养和监护未成年人责任履行的社会干预研究报告》，中国人民公安大学出版社2004年版，第205页。

④ 佟丽华：《未成年人法学：家庭保护卷》，法律出版社2007年版，第20～21页。

院可以指定该特定程序的诉讼代理人和律师。

第三十七条 依法负担被监护人抚养费、赡养费、扶养费的父母、子女、配偶等，被人民法院撤销监护人资格后，应当继续履行负担的义务。

【条文主旨】

本条是关于被撤销监护人资格的人依法继续承担费用的规定。

【条文理解】

父母、子女、配偶被撤销监护人资格后，应当依法继续承担抚养费、赡养费、扶养费。这是因为父母、子女、配偶之间除具备一般监护与被监护关系外，还有着较其他监护、被监护主体更为亲密的人身关系，这种人身关系不因监护人资格的撤销而消灭。本条规定表明了撤销监护人资格并不免除父母、子女、配偶对被监护人的扶养、赡养等义务的法律立场，认为扶养、赡养等义务与监护权是相互独立的法律关系。以父母对子女承担的监护职责为例，父母作为未成年子女的法定监护人，以子女出生这一法律事实为发生原因，一直延续到子女年满十八周岁，亲子血缘关系和子女未成年状态就是这一监护关系设立和存在的自然基础。当父母实施严重侵害未成年子女合法权益的行为时，人民法院撤销父母对子女的监护权，是出于保护未成年子女利益的考虑，如果在撤销监护人监护资格的同时还免除了监护人对被监护人承担的抚养费负担义务，实际是损害了被监护人的利益，这就有违保护被监护人的精神和保护未成年人利益的原则。因此，父母、子女、配偶被撤销监护人资格后，应当依法继续履行负担抚养、赡养、扶养费的义务。

【审判实践中应注意的问题】

1. 继续负担抚养费、赡养费、扶养费的主体，仅限于父母、子女和配偶。其中，父母与子女，既包括亲生父母与亲生子女，也包括养父母与养子女，以及继父或继母与受其抚养教育的继子女。

对于养父母与养子女而言，收养是一种变更亲属关系及其权利义务的行为，具有法定的拟制效力和解销效力。收养法第23条规定："自收养关系成立之日起，养父母与养子女间的权利义务关系，适用法律关于父母子女关系的规定；养子女与养父母的近亲属间的权利义务关系，适用法律关于子女与父母的近亲属关系的规定。养子女与生父母及其他近亲属间的权利义务关系，因收养关系的成立而消除。"根据上述条款规定，一方面，通过收养，收养人和被收养人之间发生法律拟制的亲子关系，双方具有与自然血亲的父母子女间相同的权利和义务。另一方面，养子女和生父母之间的权利和义务，则因收养的成立而消除。收养既是引起养父母与养子女权利义务发生的法律事实，又是使得生父母与生子女权利义务终止的法律事实。

对于继父或继母与继子女而言，婚姻法第27条规定，“继父或继母和受其抚养教育的继子女间的权利和义务，适用本法对父母子女关系的有关规定。”因此，他们之间是否发生法律规定的父母子女间的权利和义务关系，应根据他们是否形成抚养教育关系来确定。未形成抚养教育关系的继父母与继子女之间属于姻亲关系，他们之间无法律规定的父母子女之间的权利和义务。已形成抚养教育关系的继父或继母与继子女属于法律上的拟制血亲，他们之间具有与自然血亲的父母子女相同的权利和义务。父母离婚后，父母与子女的关系继续存续。婚姻法第36条第1款规定，“父母与子女间的关系，不因父母离婚而消除。离婚后，子女无论由父或母直接抚养，仍是父母双方的子女。”另外还有一种较为特殊的情况，那就是子女跟随父（母）与继母（继父）组建了新的家庭，父（母）又与继母（继父）离婚的，该子女与继父母的父母、子女关系并不必然终止。根据《最高人民法院关于继父母与继子女形成的权利义务关系能否解除的批复》规定，继父母与继子女已形成的权利义务关系不能自然终止，一方起诉要求解除这种权利义务关系的，人民法院应视具体情况作出是否准许解除的调解或判决。

同理，对于由养父母、继父母抚养长大的养子女、继子女，被撤销监护人资格以后，只要收养关系和继父母子女的关系没有解除，就应当承担抚养、赡养等费用。

2. 在程序方面，不同于撤销监护人资格案件参照适用特别程序，与本条款相关的争议应适用民事诉讼法的普通程序或者简易程序进行审理。根据《最高人民法院关于贯彻执行〈中华人民共和国民法通则〉若干问题的意见（试行）》和《最高人民法院、最高人民检察院、公安部、民政部关于依法处理监护人侵害未成年人权益行为若干问题的意见》规定，人民法院审理撤销监护人资格案件，比照民事诉讼法规定的特别程序进行；审理要求监护人承担民事责任的案件，适用民事诉讼法的普通程序或者简易程序；既要求承担民事责任，又要求变更监护关系的，分别审理。

第三十八条 被监护人的父母或者子女被人民法院撤销监护人资格后，除对被监护人实施故意犯罪的外，确有悔改表现的，经其申请，人民法院可以在尊重被监护人真实意愿的前提下，视情况恢复其监护人资格，人民法院指定的监护人与被监护人的监护关系同时终止。

【条文主旨】

本条是关于恢复监护人资格的规定。

【条文理解】

1. 故意犯罪的认定。根据刑法规定，故意犯罪是指行为人明知自己的行为会发生危害社会的结果，并且希望或者放任这种结果发生的行为。通常监护人对被监护人实施的故意犯罪包括：故意伤害、遗弃、虐待、性侵害、出卖等。

2. 悔改表现的认定。当事人申请恢复监护人资格，应当向人民法院提交书面申请，提交其对行为危害性的认识、悔改的决心、接受教育辅导情况以及后续表现情况等证据材料，一般还需要提供其他亲属、居民委员会、村民委员会、民政部门、所在单位、被监护人所在社区、所在学校的证明等。如果居民委员会、村民委员会及民政部门对监护人开展监护指导、心理疏导等教育辅导工作并取得效果的，申请人还应当向法院提交上述报告。

人民法院也可以依职权走访申请人、被监护人及其家庭，向当地民政部门、辖区公安派出所、居民委员会、村民委员会、共青团、妇联、未成年人所在学校、监护人所在单位等了解情况。

3. 被监护人真实意愿的查明。人民法院应当征求被监护人现任监护人和有表达能力的被监护人的意见，并可以委托申请人住所地的民政部门或者其他相关组织，对申请人监护意愿、悔改表现、监护能力以及被监护人的身心状况、生活情况等进行调查，形成调查评估报告。

【审判实践中应注意的问题】

1. 人民法院审理申请恢复监护人资格案件，按照变更监护关系的案件审理程序进行。

2. 申请恢复监护人资格的期间限制。本条对被撤销监护人资格的人申请恢复资格的时间没有规定，我们认为，对于被监护人是成年人的，可以随时申请恢复监护人资格。而对于被监护人是未成年人的，则要考虑具体情况。如果人民法院指定未成年人其他亲属担任监护人的，在不影响未成年人正常生活学习的情况下，可以允许当事人随时申请。但如果指定民政部门担任监护人的，由于涉及到民政部门可能要送养未成年人以及新的收养关系的成立，则有必要对申请期间进行限制，我们认为，可以参考《最高人民法院、最高人民检察院、公安部、民政部关于依法处理监护人侵害未成年人权益行为若干问题的意见》第38条的规定，以三个月至一年为申请期限。人民法院指定民政部门担任监护人的，当事人申请恢复监护人资格的期限限定为三个月至一年，主要理由是：三个月以后才可以申请恢复监护人资格，目的是给当事人一个合理的悔过和恢复监护能力的期限。申请恢复资格应当限定在一年内，是为了避免未成年人的监护权长期处于不稳定状态，以便让新的监护人能够更好、更踏实地履行职责，也避免冲击新建立的收养关系。由于民政部门的临时监护期限一般在一年以内，当事人被撤销监护人资格后一年之内可以申请恢复，事实上当事人通常会有两年左右的时间用来悔改和恢复监护能力，已经足以体现适用撤销监护人资格的慎重。

《最高人民法院、最高人民检察院、公安部、民政部关于依法处理监护人侵害未成年人权益行为若干问题的意见》第44条规定，民政部门担任未成年人监护人的，可以送养被监护人。以上规定主要考虑是：儿童福利机构通常采用机构抚养、家庭寄养和送养的方式抚养未成年人。机构抚养很难营造出类似家庭的生活环境，家庭寄养稳定性较差，送养则可以提供较为稳定的家庭生活和学习环境，最有利于未成年人健康成长。因此，民政部门一般会优先选择送养，通过考察、筛选合适家庭，让未成年人在新的家庭中生活。此外，收养法规定三类不满十四周岁的未成年人可以被收养：丧失父母的孤儿；查找不到生父母的弃婴和儿童；生父母有特殊困难无力抚养的子女。而父母被撤销监护人资格的未成年人，与“丧失父母的孤儿”情况类似，民政部门可以参考收养法关于“丧失父母的孤儿”送养的规定处理。

【域外立法例】

一、《法国民法典》

第381条　被撤销监护权的父或母可以提出申请，结合已发生新的情况，请求法院恢复他们被撤销的权利之全部或一部。①

二、《日本民法典》

第836条　父或母监护权撤销的原因消灭时，家庭法院因本人或其亲属的请求，可以撤销失权宣告。

---

① 该条款同时规定，这种申请，仅在宣告完全撤销监护权或部分撤销监护权的判决成为不可撤销的判决之后至少经过一年，才能提出；如申请被驳回，只有经过一年，始得再行提出。如在提交申请之前，子女已受安置已准备由他人收养，任何请求均不予受理。

《最新法律文件解读》丛书
稿　约

《最新法律文件解读》是一套以为最新法律规范提供同步"解读"为主的系列丛书,分为刑事、民事、商事、行政与执行4个分册,按月出版。

本丛书以"解读"为重点,突出全、专、新、快、准等特点,通过对最新出台的法律、法规、司法解释、部门规章以及重要地方性法规进行同步动态解读,弥补了法律、法规、司法解释汇编类出版物没有同步阐释、解读内容的不足,为广大读者学习理解最新法律规范,正确贯彻执行法律文件,及时解决实践中的新情况、新问题,提供一个全方位、多层面的法律信息平台。

欢迎您向以下栏目赐稿:

【最新法律文件解读】主要是对最新颁行的法律文件进行解读,帮助司法和执法人员正确理解法律文件的立法背景、意义、重点内容、在适用中应注意的问题、与相关法律文件的衔接与互动关系等等。

【司法实务问题研究】主要刊登对司法理论、实务及司法管理工作中的热点、疑难问题进行研究及评论的文章。

【新类型疑难案例选评】主要是对司法和行政执法实践中具有典型性和代表性的疑难案例,结合具体案情以及审理或处理结果进行简练精辟的点评,解析认识问题的方法、处理问题的法律依据和在个案中的具体适用。

【法学前沿与新视点】以摘要的形式刊登相关法学理论研究的最新动态及具有代表性和典型性的前沿问题,扩展法学研究的深度和广度。

【法律适用问题解答】主要针对司法和行政执法实践中面临的新问题、热点问题、疑难问题进行简要的解答,指出涉及的法律关系,明确法律适用依据。

稿件一经刊用,即付稿酬,稿酬从优。

《刑事法律文件解读》　姜　峤　邮箱:bj85250573@126.com

《民事法律文件解读》　丁丽娜　邮箱:dlnlaw@163.com

《商事法律文件解读》　路建华　邮箱:shangshijiedu@126.com

《行政与执行法律文件解读》　张　奎　邮箱:271717306@qq.com

人民法院出版社

《最新法律文件解读》丛书编辑部